Bibliografische Information der Deutschen Nationalbibliothek:

Die Deutsche Nationalbibliothek verzeichnet diese Publikation in der Deutschen Nationalbibliografie; detaillierte bibliografische Daten sind im Internet über http://dnb.d-nb.de abrufbar.

Impressum:

Copyright © 2016 Studylab

Ein Imprint der GRIN Verlag, Open Publishing GmbH

Druck und Bindung: Books on Demand GmbH, Norderstedt, Germany

Coverbild: Freepik.com I Flaticon.com I GRIN

Lukas Kroll

Migration in Großbritannien 1960 bis 1990

Analyse von Prosatexten afro-karibischer Einwanderer, den „Black British"

2014

Inhaltsverzeichnis

Inhaltsverzeichnis 4

1. Einleitung 5

2. Forschungsüberblick 8

   2.1 Forschungsgeschichte 8

   2.2 Aktueller Stand 14

3. Migration in Großbritannien – politische und gesellschaftliche Rahmenbedingungen 17

4. Präsentation und Repräsentation von Migration in kulturellen Erzeugnissen – Literarische Erzeugnisse 29

   4.1 Migration als literarisches Thema 29

   4.2 Erzählmuster und Strukturen in *novels* der ‚Black British literature' 36

      4.2.1 The Lonely Londoners (1956) 38

      4.2.2 Moses Ascending (1975) 44

      4.2.3 The final passage (1985) 48

      4.2.4 The Unbelonging (1985) 52

   4.3 Synthese 57

5. Fazit 61

Literaturverzeichnis 63

   Primärliteratur 63

   Sekundärliteratur 63

1. Einleitung

> „Geschichten schreiben ist eine Art, sich das Vergangene vom Halse zu schaffen." – Johann Wolfgang von Goethe

Der Themenkomplex „Migration und Integration", wie er in dieser Arbeit dargestellt werden soll, bietet aufgrund seiner Vielschichtigkeit gleich mehrere Möglichkeiten sich ihm inhaltlich anzunähern. Da es ein Ziel dieser Arbeit ist, einen Perspektivenwechsel zu vollziehen und Migration und Integration nicht als bloße politische Prozesse zu verstehen, die hauptsächlich von einem sogenannten „Empfängerland" bestimmt werden, soll einleitend anhand zweier kurzer Beispiele deutlich gemacht werden, welche perspektivischen Chancen und auch Probleme Migration und Integration mit sich bringen.

Zunächst einmal muss die Zeitlosigkeit des Themas „Migration und Integration" konstatiert werden. Die Geschichte der Menschheit ist eng verknüpft mit dem Prinzip geographischer und territorialer Flexibilität und Bewegung. Völkerwanderungen, Urbanisierung und Arbeitsmigration sind nur einige Etappen, die es in diesem Kontext zu nennen gilt. Seit jeher waren mit diesen Verschiebungen und Wanderungsprozessen auch Konflikte verbunden, die es auf die eine oder andere Weise zu lösen galt. Auf ein neues Fundament wurde die politische Diskussion um Migration und Integration im Rahmen der Nationalstaatsbildung in Europa im 19. Jahrhundert gestellt. Seither gibt es mehr oder minder willkürlich gewählte, feste Definitionen der eigenen Volksnation, deren Kulturkonzept, wie später gezeigt werden wird, zumeist auch als Abgrenzung gegen fremde Nationen und Kulturen verstanden werden kann. Mit diesem Prinzip der Nationalstaatlichkeit geht auch eine Verschiebung der Perspektive auf Migrationsprozesse einher. Es bildet sich eine klare Dichotomie zwischen „Sender"- und „Empfängerland", die gerne auch als Mittel politischer Meinungsmache genutzt wird. Die Fokussierung auf die eigenen politischen und ökonomischen Interessen lässt darüber hinaus oft die individuellen oder kollektiven Beweggründe der „Aufzunehmenden" in Vergessenheit geraten.

Dieses Perspektivproblem zeigt sich auch gegenwärtig, beispielsweise in den Migrations- und Flüchtlingsbewegungen des Mittelmeerraumes. Die politische Debatte auf supranationaler Ebene scheint sich dabei darauf zu versteifen, wie mit den Flüchtlingen und Migrationswilligen umzugehen sei, ohne jedoch die Frage aufzuwerfen welche Schritte man in den „Senderländer" unternehmen könne, um solche lebensgefährlichen „Reisen" unter menschenunwürdigen Bedingungen auf humanitärer, politischer und ökonomischer Ebene überflüssig werden zu lassen.

Die Konsequenzen, die sich aus diesen beiden kurzen Beispielen für den Fortlauf der Arbeit ergeben, bestehen darin, dass sich darum bemüht werden soll den Fokus auf die individuellen und kollektiven Erfahrungen der Migranten während ihres Migrationsprozesses und in Auseinandersetzung mit ihrem neuen politischen und gesellschaftlichen Umfeld zu legen. Untersucht werden diese Erfahrungen und deren Verarbeitung im Bereich der klassischen Kulturdiszipin der Literatur. Diese ist seit jeher mehr als nur das Ergebnis eines künstlerischen Schaffensprozesses, sie ist auch Mittel und Resultat der Auseinandersetzung des Autors mit seiner Um- und Mitwelt und Spiegelbild gesellschaftlicher Verhältnisse. Als Untersuchungsort wird Großbritannien gewählt. Das Vereinigte Königreich bietet sich, aufgrund seiner kolonialen Vergangenheit und seiner, zumindest anfänglich, großzügigen Auslegung der britischen Staatsbürgerschaft im Rahmen des Empires, an. Allerdings ist eine erneute Eingrenzung des Untersuchungsgegenstandes unabdingbar. Diese Fokussierung betrifft dabei sowohl die Produzentenseite als auch das Produkt an sich. Im Fokus der Arbeit werden die literarischen Erzeugnisse der afro-karibischen Einwanderer Großbritanniens stehen, die unter dem Sammelbegriff ‚Black British' zusammengefasst werden. Die afro-karibischen Einwanderer stellen einerseits, neben den asiatischen, die größte Migrantengruppe dar und betätigten sich andererseits bereits sehr früh als Kulturschaffende.

Doch auch im klassischen Kulturfeld der Literatur ist eine weitere Differenzierung notwendig. Aus diesem Grund sollen primär Kurzprosa-Texte (*novels*) als Untersuchungsgegenstand dienen.[1] Die Begrenzung des Untersuchungsgegenstandes auf Kurzprosa-Texte lässt sich vor allem mit ihrer meist einsträngigen Erzählstruktur begründen. So ist in einem relativ überschaubaren Umfang mit einer thematisch dichten Behandlung des Themas Migration zu rechnen. Die Analyse soll zudem weniger literaturtheoretische Aspekte behandeln als vielmehr die Literatur in ihrer Funktion als gestaltendes Medium für Identität erfassen. Die ‚Black British literature' begrenzt sich nämlich nicht, wie später zu zeigen sein wird, auf die Abbildung und Repräsentation von Identitätskonzepten in Zeiten kultureller Diskontinuität, sie gestaltet die sich transformierenden Identitäten auch aktiv mit. Der Frage, welche Rolle Literatur in solchen identitären

---

1 Da für die literarische Gattung ‚novel' kein exakt entsprechendes deutsches Pendant existiert, werden die Begriffe Kurzprosa und novel im Kontext dieser Arbeit synonym verwendet.

Ausbildungsprozessen einnimmt, soll exemplarisch anhand von vier ‚novels'
nachgegangen werden. Im Einzelnen sollen Sam Selvons „The Lonely Londoners" (1956) und „Moses Ascending" (1975) sowie Caryl Phillips „The final passage" (1985) und Joan Rileys „The Unbelonging" (1985) untersucht werden. „The Lonely Londoners" fällt mit seinem Erscheinungsdatum zwar aus dem primären Untersuchungsrahmen, ist aufgrund seiner starken wissenschaftlichen Beachtung als auch in seiner Vorreiterfunktion für die ‚Black British literature' unbedingt zu berücksichtigen. „Moses Ascending", ebenfalls von Sam Selvon, ist gerade aufgrund seiner Funktion als Fortsetzung zu „The Lonely Londoners" und dem zeitlichen Abstand von fast 20 Jahren zwischen beiden Werken als Untersuchungsgegenstand besonders interessant. Hier kann untersucht werden, wie ein einzelner Autor die Veränderungen der Lebensumstände für Migranten in einer recht großen Zeitspanne bewertet. „The final passage" und „The Unbelonging" stellen hingegen andere Fragen an den Untersuchungsgegenstand, da sie ihn um die Bedeutung der Geschlechterrollen im Migrationsprozess erweitern. Mit Joan Riley und Caryl Phillips stehen hierbei sowohl ein männlicher Autor als auch eine weibliche Autorin zur Verfügung, was vor allem für die Aspekte der Fremd- und Eigenwahrnehmung bedeutsam sein könnte.

Bevor jedoch auf die genannten literarischen Erzeugnisse der afro-karibischen Einwanderer eingegangen werden soll, gilt es einige entscheidende und einflussnehmende Rahmenbedingungen zu erläutern, in denen die genannten kulturellen Produktionsprozesse ablaufen. Zunächst einmal wird zu diesem Zweck der Forschungsstand dargestellt, der sich primär auf die wissenschaftlichen Felder der ‚Postcolonial' sowie ‚Cultural Studies' bezieht, und diese auch vor dem Hintergrund des Forschungsgegenstandes kontextualisieren soll. Daraufhin soll ein kurzer Überblick über die Geschichte der Migration in Großbritannien nach dem Zweiten Weltkrieg erfolgen. Unumgänglich ist hierbei die Rekurrenz auf den Rassismus-Diskurs und die ‚Riot'-Bewegung der 1980er Jahre.

2. Forschungsüberblick

2.1 Forschungsgeschichte

Wie einleitend bereits erwähnt, soll die Ermittlung des aktuellen Forschungsstands anhand der beiden integrativen Wissenschaftsfelder der ‚Cultural' und ‚Postcolonial Studies' erfolgen. Die Herausforderung besteht darin, die interdisziplinären Bestandteile zu erfassen und in diesem Kapitel zu synthetisieren. Dazu ist es notwendig die ‚Cultural' und ‚Postcolonial Studies' auch ihrer historischen Genese zu erfassen, die sich eng verzahnt mit gesellschaftlichen Umwälzungen gestaltet.

‚Cultural' und ‚Postcolonial Studies' sind aus forschungsgeschichtlicher Perspektive noch junge Untersuchungsfelder. Beide sind in ihren basalen Strukturen das Ergebnis einer wissenschaftlichen Perspektiverweiterung im Nachfeld des Zweiten Weltkriegs. Die britischen ‚Cultural Studies' sind dabei untrennbar mit der Entstehung des ‚Centre for Contemporary Cultural Studies' (CCCS) in Birmingham im Jahr 1964 verbunden. Betrachtet man die Geschichte des CCCS und der ‚Cultural Studies' in Großbritannien, so weist diese zahlreiche Bezugspunkte zur Bewegung der „Neuen Linken"/ ‚New Left' auf. Diese Verwurzelung bietet aber mehr als nur einen gemeinsamen Sammelpunkt für spätere Akteure der ‚Cultural Studies', sie ist auch ausschlaggebend für das Verständnis und die Auslegungen der wissenschaftlichen Disziplin. Die ‚New Left'-Bewegung hatte ihre Ursprünge in den politischen Organisationen an den britischen Universitäten und etablierte sich im Jahr 1956 als Reaktion auf die Zerschlagung des Ungarischen Volksaufstands durch die Sowjetunion und die Besetzung des Suez-Kanals durch die Briten.[2] Beide Ereignisse symbolisierten kommunistische, bzw. koloniale Politik, die die ‚New Left' entschieden ablehnte. Zudem war die ‚New Left' der Versuch einer Antwort auf die Krise der Labour-Partei, die eng mit der Prosperität der Nachkriegsjahre einherging.[3] Da man beispielsweise in der Suez-Frage oder im Bereich der nuklearen Abrüstung ähnliche Standpunkte vertrat, erhoffte man sich einen aktiven politischen Austausch mit der Labour Party.[4] Als mediales Organ diente die „New Left Review". Gesellschaftlich-kulturelle Entwicklungen standen im Fokus der Veröf-

---

2 Vgl. Procter, James, Stuart Hall, London 2004, S.15 / Bamford, Caroline, The Politics of Commitment. The early New Left in Britain 1956-62, Edinburgh 1983, S.167.

3 Vgl. Procter, Stuart Hall, S.14.

4 Vgl. Bamford, Politics of Commitment, S.311.

fentlichungen der ‚New Left'-Bewegung. „One of the main aims and contributions of the New Left was to demonstrate that popular culture is *itself* political [...]."[5] In einem seiner Artikel liefert Stuart Hall, aktives Mitglied der ‚New Left' und späterer Leiter des CCCS, selbst eine Erklärung für diese Annahme:

> First, because it was in the cultural and ideological domain that social change appeared to be making itself most dramatically visible. Second, because the cultural dimension seemed to us not a secondary, but a constitutive dimension of society. (This reflects part of the New Left's long-standing quarrel with the reductionism and economism of the base–superstructure metaphor.) Third, because the discourse of culture seemed to us fundamentally necessary to any language in which socialism could be redescribed. The New Left therefore took the first faltering steps of putting questions of cultural analysis and cultural politics at the centre of its politics.[6]

An dieser Stelle zeichnet sich bereits der Ansatz ab, der später zum bestimmenden Element der ‚Cultural Studies' werden sollte: die wissenschaftliche Analyse gesellschaftlich-kultureller Trends, die darüber hinaus auch als politisches Statement gesehen werden. Neben Hall entstammten auch der walisische Literaturkritiker E.P. Thompson und der marxistische Historiker Raymond Williams der ‚New Left'-Bewegung. Ihre Arbeiten bildeten zusammen mit den Veröffentlichungen Richard Hoggarts, dem Gründungsdirektor des CCCS, die Grundsteine für die Entwicklung der ‚Cultural Studies' in Großbritannien.[7] Sie definieren sich selbst als eine, stetig im Konflikt und in Auseinandersetzung mit vorhandenen und entstehenden Forschungsansichten und wissenschaftlichen Konstrukten, befindliche Disziplin.[8] Sinnbildlich dafür steht die Auseinandersetzung mit dem Marxismus.

> It [die Begnung zwischen „Cultural Studies" und Marxismus] begins, and develops through the critique of a certain reductionism and economism, which I think is not extrinsic but intrinsic to marxism; a

---

5 Vgl. Procter, Stuart Hall, S.14.

6 Hall, Stuart, Life and Time of the First New Left, In: New Left Review 61, 2010, S.177-196, hier: S.187.

7 Vgl. Procter, Stuart Hall, S.37.

8 Vgl. Hall, Stuart, Cultural studies and its theoretical legacies, In: David Morley/ Kuan-Hsing Chen (Hrsg.), Stuart Hall. Critical Dialogues in Cultural Studies, London 1996, S.262-275, hier: S.266.

contestation with the model of base and superstructure, through which sophisticated and vulgar marxism alike had tried to think the relationships between society, economy, and culture.[9]

Die ‚Cultural Studies' verneinen die Annahme Marx' in der Weise, dass sie Kultur als konstitutives Element der Gesellschaftsstruktur ansehen, und nicht als Resultat okönomisch-gesellschaftlicher Bedingungen.

Aus dieser Tatsache lässt sich die These ableiten, dass kulturelle Veränderungen und Umwälzungen sich sowohl gesellschaftlich als auch wissenschaftlich auswirken. Belegt werden kann diese Annahme anhand eines Vortrags von Stuart Hall über das theoretische Vermächtnis der ‚Cultural Studies'. In diesem weist er auf die außergewöhnliche Wirkkraft der gesellschaftspolitischen Themen Feminismus und „Rasse" hin. In beiden sieht er Momente der Unterbrechung und der Neuordnung innerhalb der ‚Cultural Studies'.[10] Hier erreichen gesellschaftlich-kulturelle Phänomene eine solche Relevanz, dass sie in eine direkte Wechselwirkung mit dem progressiven Wissenschaftsansatz der ‚Cultural Studies' treten. „New interventions reflect events outside a discipline but have effects within it."[11] Die Bildung von neuen Forschungsgruppen, wie sie in den späten 1970er Jahren stattfand, ist dabei wohl die offensichtlichste Form der beschriebenen Wechselwirkung.[12] Feminismus und der „Rassen"-Diskurs wurden also keineswegs nur als neue Forschungsfelder angesehen, sondern durch Internalisierung und Absorption von Personal und Forschungsperspektiven direkt in den wissenschaftlichen Ablauf integriert. Die Einwirkung externer Faktoren war aber keinesfalls auf soziale Entwicklungstrends begrenzt. Der Ausbruch des Vietnam-Kriegs, „the first televised war"[13], rückte auch die Rolle der Medien im Prozess kultureller Expressivität in den Fokus des CCCS. „Theory was more than an abstract issue at the Centre then. It was conjunctural; articulated in relation to wider historical and political shifts in contemporary society."[14]

---

9 Ebd., S.265.

10 Vgl. Hall, Theoretical legacies, S.268.

11 Hall, Stuart, Cultural Studies and the Centre. Some problematic and problems, In: Stuart Hall et al. (Hrsg.), Culture, Media, Language. Working Papers in Cultural Studies 1972-79, Birmingham 1980, S.15-47, hier: S.16.

12 Vgl. Procter, Stuart Hall, S.52.

13 Ebd. S.51.

14 Ebd.

Trotz der immanenten Dynamik der ‚Cultural Studies' lassen sich für die leitende Fragestellung dieser Arbeit an dieser Stelle bereits erste Schlüsse ziehen. Zum einen sind die Ansätze der Cultural Studies als Versuch der Demokratisierung und Öffnung von Wissenschaft zu verstehen. Im Rahmen der Verwissenschaftlichung von populärer Kultur findet eine antielitäre Wissenschaftsausrichtung statt. Kultur und die Erforschung von Kultur basieren hier auf der Annahme, dass diese nicht ausschließlich durch klassische Felder der Hochkultur wie Kunst oder Literatur artikuliert werden, sondern vielmehr durch gesellschaftliche Trends und alltägliche Verhaltensweisen.[15] Zum anderen erweisen sich die ‚Cultural Studies' in ihrer Ausrichtung flexibel genug, um auf gesellschaftliche Trends reagieren und wissenschaftlich agieren zu können. Diese beiden Aspekte bilden die Grundlage zur wissenschaftlichen Auseinandersetzung mit dynamischen subkulturellen Phänomenen, zu denen zumindest in ihrer Frühphase auch die ‚Black British literature' zu zählen ist.

Die Demokratisierung und Öffnung der wissenschaftlichen Untersuchungsgegenstände ist auch als eins der Hauptanliegen der ‚Postcolonial Studies' anzusehen. Ihre Ursprünge haben die ‚Postcolonial Studies' in den antikolonialen, nationalen Befreiungsbewegungen und in der marxistischen Imperialismuskritik.[16] Was sich im Bereich der Unabhängigkeitsbewegungen zunächst noch auf nichteuropäische Intellektuelle stützte, etablierte sich in den 1970ern und 1980ern unter Bezugnahme auf die Analyse der Kultur des Kolonialismus durch französische Poststrukturalisten wie Michel Foucault oder Jacques Darrida auch im europäischen Wissenschaftsdiskurs.[17] ‚Postkolonial' wurde fortan nicht mehr ausschließlich als chronologischer Marker angesehen, sondern auch als theoretische Grundposition in Literatur- und Kulturwissenschaften.[18]

> It [Postkolonialismus] attacks the status quo of hegemonic economic imperialism, and the history of colonialism and imperialism, but also signals an activist engagement with positive political positions and

---

15 Vgl. Ebd., S.39.
16 Vgl. Young, Robert J.C., Postcolonialism. An historical Introduction, Oxford 2001, S.6-10.
17 Vgl. MacPhee, Graham, Postwar British Literature and Postcolonial Studies, Edinburgh 2011, S.71.
18 Vgl. Ebd.

new forms of political identity in the same way as Marxism or feminism.[19]

Die Programmatik der ‚Postcolonial Studies' und des ‚Postcolonialism' soll im Folgenden anhand zweier Beispiele veranschaulicht werden. Zu diesem Zweck werden zwei zentrale Arbeiten der ‚Postcolonial Studies' vorgestellt, die einerseits die Kritik an der West-Rest-Dichotomie, wie sie Edward Said äußert, und andererseits die generelle Kritik am universalen Anspruch des Westens über die Geschichtsschreibung, wie sie Dipesh Chakrabarty formuliert, umfassen. Saids 1979 erschiene Studie ‚Orientalism' basiert auf der Annahme, dass die Orient-Okzident-Dichotomie das künstliche Produkt akademischer und außerakademischer Publikationen ist.[20] Diese zeichnen eine klar hierarchisch geprägte Sichtweise auf den Orient und attestieren ihm Rückständigkeit und fehlende Erneuerungsfähigkeit.[21] Die Kritik an der eurozentrierten Geschichtsschreibung und dem Anspruch der historischen Deutungshoheit verstärkt Edward Said in seinem 1993 erschienen Werk „Kultur und Imperialismus". „Interaktionserfahrungen zwischen Kolonisatoren und Kolonisierten, die in der Orientalismusstudie noch deutlich im Hintergrund standen, fokussiert Said in *Kultur und Imperialismus* nun explizit."[22] Aus diesen Interaktionserfahrungen folgert Said, mit Blick auf die kulturellen, dekolonialen Widerstandsbewegungen, drei wesentliche Zielsetzungen: Das Recht auf die identitätsstiftende Rekonstruktion der eigenen Geschichte, die Überzeugung, dass Widerstand mehr als nur eine Reaktion auf imperiale Herrschaft, sondern auch der Entwurf einer alternativen Geschichtsschreibung sei, und schließlich die Abkehr vom „separatistischen Nationalismus hin zu einer ganzheitlicheren Sicht auf menschliche Kollektivität und Befreiung."[23] Auch bei Dipesh Chakrabarty stehen Ganzheitlichkeit und die Abkehr vom Kulturrelativismus im Mittelpunkt der Überlegungen. In „Provincializing Europe" aus dem Jahr 2000 problematisiert Chakrabarty die Anwendung europäischer Modernisierungs- und Entwicklungstheorien in globalen Kontexten.[24] Als zentral erweist sich dabei vor allem die Kritik an säkularen Interpretationskonzepten, die ihrerseits die Traditionen und religiösen Verwicklungen in außer-

---

19 Young, Postcolonialism, S.58.
20 Vgl. Said, Edward, Orientalismus, Frankfurt a.M. 2009, S.180.
21 Vgl. Ebd, S.340.
22 Kerner, Ina, Postkoloniale Theorien zur Einführung, Hamburg 2012, S.73.
23 Kerner, Postkoloniale Theorien, S.75.
24 Vgl. Ebd., S.77.

europäischen Kulturen im Voraus verkennen oder sie bestenfalls radikalen Gruppierungen zuordnen.[25] Auch hier zeigt sich, dass eine universale Geschichtsschreibung und -deutung nach westeuropäischen Maßstäben entschieden abgelehnt wird, und durch die Erweiterung um außereuropäische, kollektive Erfahrungswerte darüber hinaus in Frage gestellt werden soll. Sowohl der Ansatz Edward Saids als auch der Ansatz Dipesh Chakrabartys zeigen deutlich, dass auch die eigene Betroffenheit ein entscheidender Faktor für die Vehemenz der Kritik und der sich daraus ergebenen Forderung nach einem Umdenken und einem inklusiven Wissenschaftsansatz ist. Während sich Said, als Palästinenser, zunächst auf den Orient fokussiert, orientiert sich auch Chakrabarty vor allem auf sein Heimatland Indien. Hier zeigt sich auch die politische Ebene der ‚Postcolonial Studies', auf die auch Robert Young aufmerksam macht. Ihr Geltungsanspruch mag ein globaler sein, in ihren Ursprüngen ist sie jedoch eng verknüpft mit individuellen und kollektiven Erfahrungen von Missständen und postkolonialer Machtausübung.

> Anti-colonialism was never just an idea, a theoretical position, a philosophical view of the world; its ideas were embedded as part of a dynamic input into material political and social organizational infrastructures. Tricontinentalism, like postcolonialism, was generated from a combination of diasporic and local contexts. Unlike some postcolonials, however, anti-colonial intellectuals were not preoccupied by worries about positions of detachment or specularity. They were organic intellectuals, who lived and fought for the political issues around which they organized their lives and with which they were involved at a practical level on a daily basis.[26]

Die ‚Postcolonial Studies' sind somit neben ihrer wissenschaftlichen Ausrichtung auch als Zeitdokument zu sehen und als Ausdruck der Verarbeitung und der Auseinandersetzung mit der Imperialzeit. So stehen sie auch in direktem Zusammenhang mit dem Kernthema dieser Arbeit, nämlich der literarischen Produktion im postkolonialen Kontext. Ähnlich wie die Äußerungen Saids, Chakrabartys oder Youngs klingt daher auch die Einschätzung Susanne Cuevas bezüglich der Zusammenhänge zwischen ‚Postcolonial Studies' und Literaturwissenschaften: „'Postcolonial' in the authors' understandings covers ‚all the

---

25 Vgl. Chakrabarty, Dipesh, Provincializing Europe. Postcolonial Thought and Historical Difference, Oxfordshire 2000, S.31f..

26 Young, Postcolonialism, S.427.

culture affected by the imperial process from the moment of colonisation to the present day' [...]."[27]

Nachdem nun die historische Genese und die wesentlichen Inhalte der ‚Cultural Studies' und ‚Postcolonial Studies' kurz skizziert wurden, soll der Blick darauf gerichtet werden, wie sich der gegenwärtige Forschungsstand der beiden Disziplinen im Bezug auf die ‚Black British Literature' gestaltet.

2.2 Aktueller Stand

Der Terminus ‚Black British Literature' erweist sich schon in seiner Zusammensetzung als komplexes definitorisches Konstrukt. Ursprünglich entstammte der Begriff „Black British" dem ‚Caribbean Artist Movement' der 1960er Jahren, wurde in seinem Geltungsanspruch aber schon bald ausgeweitet.[28] Die Attribuierungen ‚black' und ‚british' bilden aber unscharfe Kategorien, die unterschiedlich eng oder weit gefasst werden können.[29] Um sich dennoch eine genaue Vorstellung vom vorliegenden Untersuchungsgegenstand machen zu können, orientiert sich diese Arbeit an der von Stuart Hall in seinem Werk „New Ethnicities" entworfenen Definition. Demnach handelt es sich nicht um eine Erscheinung, die fest an eine ethnische Gruppe oder eine Hautfarbe gebunden ist, vielmehr steht die kollektive Erfahrung der Akteure im Mittelpunkt. „'The Black Experience' as a singular and unifying framework based on the building up of identity across ethnic and cultural difference between the different communities, became 'hegemonic' over other ethnic/racial identities – [...]."[30] Dementsprechend kann konstatiert werden, dass sich die ‚Black British literature' durch die gemeinsame Erfahrung der Autoren von Marginalisierung und Randständigkeit definiert.[31] Hall leitet daraus ein Streben nach Einfluss und Repräsentation ab, dass sich vorherrschenden stereotypen Darstellungen entgegenstellt.[32] Die ‚Black British culture' allgemein versteht sich somit in den 1970ern und 1980er Jahren auch

---

27 Zit. n. Cuevas, Susanne, Babylon and Golden City. Representations of London in Black and Asian British Novels since the 1990s, Heidelberg 2008, S.16.

28 Vgl. Reichl, Susanne, Cultures in the Contact Zone. Ethnic Semiosis in Black British Literature, Trier 2002, S.34.

29 Vgl. Ebd., S.35.

30 Hall, Stuart, New Ethnicities, in: Houston A. Baker, Jr./ Manthia Diawara/ Ruth H. Lindeborg, Black British Cultural Studies. A reader, Chicago 1996, S.163-172, hier: S.164.

31 Vgl. Ebd.

32 Vgl. Ebd; Eine genauere Einordnung der ‚Black British literature' und ‚Black British culture' erfolgt in Kapitel 4.1 dieser Arbeit.

selbst als Subkultur, die einen gleichgestellten Status mit etablierten Kulturgütern und Anerkennung für ihr Wirken beansprucht.

Die wissenschaftliche Auseinandersetzung mit ‚Black British literature' erhält ihre Legitimation unter anderem durch die Wissenschaftsinnovation im Rahmen der bereits eingeführten ‚Postcolonial Studies' und ‚Cultural Studies'. Im Wesentlichen ist sie auf drei „Koordinaten" zurück zu führen: die Aufhebung des europäischen Kulturmonopols, die Orientierung an der amerikanischen Mainstream-Kultur und die Sensibilisierung in Folge der Dekolonisierung der Dritten Welt.[33] Ergänzt werden diese drei Paradigmen, die im Grunde die Öffnung des Kulturbegriffes und die Abkehr vom Hochkultur-Gedanken beschreiben, um zwei weitere Aspekte. Einerseits die Erkenntnis um die eigene vielfältige Ethnizität innerhalb Europas und andererseits das moderne Interesse am Anderen. „[…] – there's nothing that global postmodernism loves better than a certain kind of difference: a touch of ethnicity, a taste of the exotic, as we say in England, 'a bit of the other' […]."[34] Die konjunkturelle Dimension ist somit das entscheidende Kriterium, um subkulturelle Phänomene ins öffentliche und wissenschaftliche Bewusstsein zu rufen. Was die ‚Cultural Studies' bereits in den 70ern und 80ern zum Thema machten, drang in den 1990ern und vor allem zur Jahrtausendwende in breitere wissenschaftliche Gefilde vor. „A measure of its growing reputation is the number of literary prizes awarded in the last ten years or so to British writers with roots in the Caribbean and Africa, […]."[35] Hinzu kam eine verstärkte öffentliche Präsenz und Beschäftigung mit den kulturellen Expressionen der ehemaligen Einwanderer, unter anderem im Rahmen des „Windrush"-Jubiläums 1998.[36] Abermals waren es konjunkturelle Faktoren, die dazu führten, dass die ‚Black British culture' als Gegenstand der wissenschaftlichen Beschäftigung endgültig etabliert wurde. Ablesen lässt sich dieser Fakt vor allem an der zunehmenden Zahl der Publikationen. So entstanden – nach einigen Pionierwerken[37] – um die Jahrtausendwende erste ‚text reader' und ähnliche

---

[33] Vgl. Hall, Stuart, What is this ‚black' in black popular culture?, In: David Morley/ Kuan-Hsing Chen (Hrsg.), Stuart Hall. Critical Dialogues in Cultural Studies, London 1996, S.465-475, hier: S.465.

[34] Ebd. S.467.

[35] Ledent, Bénédicte, Black British Literature, In: Dinah Birch (Hrsg.), The Oxford Companion to English Literature, Oxford 2009, S.16-22, hier: S.18.

[36] Vgl. Reichl, Contact Zone, S.37.

[37] David Dabydeen/ Nana Wilson-Tagoe, A Reader's Guide to West Indian and Black British Literature, Mundelstrup 1987; Bill Ashcroft/ Gareth Griffiths/ Helen Tiffin, The Empire

Sammelbände, die versuchten die ‚Black British literature' oder ‚Black British culture' ethnologisch, soziologisch, literatur- und medienwissenschaftlich zu erfassen.[38] Die Parallelen zum Ansatz des CCCS und den umfassenden Analysen der ‚Postcolonial Studies' sind frappierend. Dennoch ist der Prozess der wissenschaftlichen Auseinandersetzung auch heute noch in einer Findungsphase, wie Susanne Cuevas konstatiert:

> 'Black British literature'[3] is still in the process of establishing itself within the field of English Studies as part of the New Literatures in English and has been mainly the subject of postcolonial studies, although some research from a cultural studies perspective also exists.[39]

Die aktuellen Untersuchungen zur ‚Black British Literature' bieten folglich zahlreiche interdisziplinäre Ansätze und eröffnen verschiedene Perspektiven auf den Untersuchungsgegenstand. Das folgende Kapitel soll sich jedoch zunächst darauf beschränken, die sozialen und historischen Rahmenbedingungen der Migration und der Literaturproduktion in Großbritannien nach dem Zweiten Weltkrieg zu umreißen.

Writes Back. Theory and Practice in Postcolonial Literature, London 1989; Elleke Boehmer, Colonial and Postcolonial Literature, Oxford 1995.

38 ⌐ Zu nennen sind hier: James Procter, Dwelling Places. Postwar Black British Writing, Manchester 2003; Lyn Innes, A History of Black and Asian Writing in Britain. 1700-2000, Cambridge 2002; Mark Stein, Black British Literature. Novels of Transformation, Columbus 2004; R. Victoria Arana, 'Black' British Aesthetics Today, Newcastle upon Tyne 2007; Alison Donnell, Companion to Contemporary Black British Culture, London 2002.

39 ⌐ Vgl. Cuevas, Babylon and Golden City, S.16.

3. Migration in Großbritannien – politische und gesellschaftliche Rahmenbedingungen

Die Migrationsbewegungen der Nachkriegsjahre in Großbritannien stehen unter dem Zeichen kolonialer Tradition. Das britische Empire sicherte jedem seiner Untertanen die volle britische Staatsbürgerschaft und somit auch das Einreiserecht in das koloniale Mutterland zu. Der Arbeitskräftemangel in den ersten Jahren nach Ende des Krieges führte zudem dazu, dass sich in Großbritannien eine Anwerbe-Industrie für ausländische Arbeiter etablierte.[40] Vor allem in der Textil-Industrie und im Gesundheitssektors wurde dabei auf weibliche Arbeitskräfte aus den Kolonien zurückgegriffen. Die übrigen Bedarfsfelder wurden aufgrund politischer Bedenken primär mit europäischen Arbeitskräften aufgestockt.[41] Bereits im Jahr 1950 wurden erste politische Initiativen ins Leben gerufen, die sich mit kolonialer Immigration auseinandersetzten. Ihnen gemein war die Annahme, dass koloniale Immigration zu sozialen und innenpolitischen Problemen führen würde und sie deshalb bereits in ihren Ansätzen stark zu limitieren sei.[42] Bereits nach Ankunft der „Empire Windrush" und der „SS Orbita" im Jahr 1948, die erstmals karibische Einwanderer nach Großbritannien brachten, hatte es politische Diskussionen gegeben, die aber genau wie die Debatten zu Beginn der 50er Jahre aufgrund der geringen Zahl an kolonialen Einwanderern schnell wieder abebbten.[43] Allerdings zeigen diese politischen Bemühungen deutlich die unterschiedliche Einschätzung bezüglich kolonialer und europäischer Immigration.

> It is extraordinary that, at a time when Irish immigration was estimated to be 60,000 per year, immigration controls should have been considered in order to prevent the entry of a mere 3,000 people who, as colonial and Commonwealth citizens, were British subjects.[44]

Wenig überraschend ist daher auch das erneute Einsetzen der Diskussionen um Immigrationsbegrenzungen für britische Staatsbürger des Commonwealths oder der Kolonien im Anschluss an den ‚McCarran-Walter Immigration Act' der USA aus dem Jahr 1952, der die Einwanderung karibischer Migranten stark reg-

---

40 Vgl. Layton-Henry, Zig, The Politics of Immigration. Immigration, 'Race' and 'Race' Relations in Post-war Britain, Oxford 1992, S.28f.
41 Vgl. Ebd.
42 Vgl. Ebd., S.30.
43 Vgl. Ebd., S.30f.
44 Ebd., S.33.

lementierte und begrenzte.[45] Die anhaltend schlechte Wirtschaftslage in der Karibik, hauptsächlich auf Jamaika, führte in Folge dessen zu einer vermehrten Migration nach Großbritannien.[46] Auf politischer Ebene wurde abermals versucht dieser Tatsache durch ein Gesetz zur Kontrolle der Immigration zu begegnen. Der Entwurf wurde am 27.Oktober 1955 vorgelegt, aufgrund der klar diskriminierenden Ausrichtung aber nicht vom Kabinett verabschiedet.[47] Stattdessen wurde eine Kommission eingerichtet, deren Aufgabe darin bestand, den aktuellen Stand der Immigration aus den Kolonien zu erfassen und daraus politische Handlungsempfehlungen abzuleiten. Das Ergebnis, das im Juni 1956 vorgelegt wurde, zeigte zwar einen deutlichen Anstieg an kolonialer Immigration, die erwarteten innenpolitischen und sozialen Probleme und Spannungen blieben jedoch – bis auf kleinere Vorfälle im Bereich der Wohnungssuche – laut Bericht aus.[48] Vielmehr zeigte sich, dass die karibischen und asiatischen Einwanderer den Arbeitsbedarf im Niedriglohnsektor und im Bereich der ungelernten Arbeitskräfte bedienten.[49] Dass sich die gesellschaftliche Reaktion auf Immigration sehr viel diffiziler gestaltete als es der Kommissionsbericht nahelegt, lässt sich bereits anhand der ersten ‚anti-black riots' in den Jahren 1948/49 nachweisen.[50] Wurde zunächst nur von lokalen Einzelvorkommnissen gesprochen, so änderte sich diese Sachlage im Anschluss an die ‚riots' 1958 in Notting Hill und Nottingham.[51] Die Dimensionen und die Brutalität der Unruhen rückte das Thema Immigration in den Fokus der Öffentlichkeit.[52] Zwar wurde die Gewalt, mit der vorgegangen wurde, strikt verurteilt, parallel setzte jedoch eine erneute politische Diskussion um die Begrenzung „farbiger" Zuwanderung aus den Kolonien ein, die rassistische Ausprägungen aufwies.[53] George Rogers, Labour-Abgeordneter, äußerte beispielsweise gegenüber der „Daily Sketch":

---

45 Vgl. Ebd., S.31.

46 Vgl. Hansen, Randall, Citizenship and Immigration in Post-war Britain. The Institutional Origins of a Multicultural Nation, Oxford 2000, S.64.

47 Vgl. Layton-Henry, Immigration, S.34.

48 Vgl. Layton-Henry, Immigration, S.35.

49 Vgl. Ebd., S.45.

50 Vgl. Ebd., S.37.

51 Vgl. Ebd., S.38.

52 Vgl. Ebd.

53 Vgl. Solomos, John, Race and Racism in Britain, Basingstoke 1994, S.60.

> The government must introduce legislation quickly to end the tremendous influx of coloured people from the Commonwealth ... overcrowding has fostered vice, drugs, prostitution and the use of knives. For years the white people have been tolerant. Now their tempers are up.[54]

Die Forderung nach Einwanderungskontrollen überschattete bald die Kritik an der Gewalt und den Motiven der ‚anti-black riots'. Die Labour-Partei positionierte sich zwar als Gegner von Immigrationsbeschränkungen, verschiedene Meinungsumfragen zeigten aber deutlich die ablehnende Haltung der Bevölkerung gegenüber „farbigen" Immigranten auf und machten die politische Auseinandersetzung zu einer öffentlichen Debatte, die fortan in den Medien ausgetragen wurde.[55] Während sich die konservative Fraktion des britischen Kabinetts in Kooperation mit einigen Labour-Abgeordneten, zu denen auch bereits genannter George Rogers zuzuordnen war, auf eine Kampagne zur Kontrolle kolonialer Immigration einigte, erfolgte in der Presse eine umfassende Debatte über die soziale Lage der „farbigen" Migranten, die von seriösen Bestandsaufnahmen bis hin zu rechtspopulistischer Meinungsmache reichte.[56]

Die Repolitisierung der Migrationsgesetzgebung erfolgte im Lauf der zweiten Hälfte des Jahres 1959. Steigende Arbeitslosenzahlen unter Migranten sowie technische Innovationen, geburtenstarke Jahrgänge, die Abschaffung der Wehrpflicht und die anhaltende Migration irischer Arbeiter waren die Argumente des ‚Ministry of Labour' für die Einführung von Einwanderungskontrollen aus Kolonialgebieten.[57] Der politische Restriktionismus, der sich im Bezug auf koloniale Einwanderung schon seit 1948 angedeutet hatte, fand 1962 im ‚Commonwealth Immigrants Act' (CIA) seine Umsetzung. Das Einreise- und Staatsbürgerschaftsrecht wurde derart reformiert, dass koloniale Staatsbürger zukünftig nur noch unter Nachweis einer Arbeitsstelle in Großbritannien (Kategorie A), einer Ausbildung in einem Bedarfsfeld (Kategorie B) oder über eine jährliche Quote von ungelernten Arbeitskräften (Kategorie C) einreisen konnten.[58] Zu diesem Zweck wurde auch die Staatsbürgerschaft als solche reformiert. Der ‚Commonwealth Immigrants Act' schafft eine Zwei-Klassen-Staatsbürgerschaft,

---

54 Zit. n. Layton-Henry, Immigration, S.39.
55 Vgl. Ebd., S.40.
56 Vgl. Solomos, Race and Racism, S.60f.
57 Vgl. Hansen, Citizenship, S.93.
58 Vgl. Ebd., S.110.

die sich am Kriterium der pass-ausstellenden Behörde ausrichtet. Wurde der britische Pass von einer Kolonialregierung oder kolonialen Verwaltungsorganisationen erteilt, so fiel er künftig dennoch unter die bereits genannten Bestimmungen. Lediglich die Bürger der unabhängigen Commonwealth-Staaten sowie irische Staatsbürger waren von dieser Regelung ausgenommen.[59] Die künstliche Schaffung zweier klassifizierender Staatsbürgerschaften war die politische Antwort auf die Bedenken gegenüber „farbiger" Einwanderung aus den Kolonialgebieten und dem sich daraus ergebenden sozialen und innenpolitischen Konfliktpotenzial. Formal war damit die Politisierung des „Rassen"-Diskurses erreicht. Wie sehr sich dieser politisch missbrauchen ließ, zeigte die Abgeordneten-Wahl in Smethwick zwischen Patrick Gordon Walker und Peter Griffiths im Jahr 1964. Griffiths bediente sich offen rassistischer Slogans, die er als Spiegelbild der öffentlichen Meinung rechtfertigte, und entschied die Wahl für sich.[60] Hatte sich die Labour-Partei im Nachfeld der ‚riots' von 1958 noch als entschiedener Gegner von Einwanderungskontrollen positioniert, so geriet diese Position nun ins Wanken. Als Harold Wilson 1964 Premier Minister wurde, entschied sich Labour für die Beibehaltung des ‚Immigrants Act'. Stattdessen formulierte man im Folgejahr den ersten ‚Race Relations Act' (RRA), der gesprochene, geschriebene oder öffentliche Diskriminierung untersagte, sie aber nicht kriminalisierte.[61] Der ‚Race Relations Act' war der Versuch der Einhaltung eines Versprechens, das man mit der Beibehaltung des ‚CIA' 1962 bereits gebrochen hatte.[62] „The origins of the first Race Relations Act and its weakness can be explained by the internal and external pressures on Labour government that introduced and passed the legislation."[63]

Der 'RRA' war somit bestenfalls eine Wohlwollensbekundung und ein Versuch enttäuschte Wähler zu beschwichtigen. Die wesentlichen Problemfelder, denen sich Migranten in Großbritannien ausgesetzt sahen, behandelt der ‚Act' jedoch nicht. Diese lagen immer noch schwerpunktmäßig im Bereich des Wohnraums und am Arbeitsplatz. Die Rassismus-Studie des Forschungsinstituts für ‚Political

---

59 Vgl. Ebd., S.109.

60 Vgl. Solomos, Race and Racism, S.65.

61 Vgl. Layton-Henry, Immigration, S.50.

62 Vgl. Schönwälder, Karen, Die Politik der Labour-Regierung zwischen 1964 und 1970, In: Karen Schönwalder/ Imke Sturm-Martin (Hrsg.), Die britische Gesellschaft zwischen Offenheit und Abgrenzung. Einwanderung und Integration vom 18. bis zum 20. Jahrhundert, Berlin 2001, S.133-153, hier: S.145.

63 Vgl. Layton-Henry, Immigration, S.49.

and Economic Planning' (PEP) aus dem Jahr 1967 lieferte eine erste Bestandsaufnahme zu diesem Thema. Ihr ist zu entnehmen, dass sich Diskriminierung primär an der Hautfarbe orientierte. Während 34 bis 44 Prozent der befragten „farbigen" Immigranten angaben, mit Diskriminierung konfrontiert zu sein, waren es unter den Zyprioten lediglich sechs Prozent.[64] Im Bezug auf die beiden genannten Problemfelder Beruf und Wohnraum konstatiert der Bericht ebenfalls massive Benachteiligungen. Die Diskriminierung am Arbeitsplatz wurde seitens der Arbeitgeber oder Arbeitskollegen mit mangelnden Sprachkompetenzen oder mangelndem Fachwissen begründet. De facto existierten aber, ähnlich wie im Bereich der Wohnraumsuche, entweder direkte Diskriminierung, die „farbige" Migranten bereits von vorne herein als Arbeitnehmer oder Mieter ausschloss, oder indirekte Diskriminierung, die in zwei Drittel aller untersuchten Fälle festgestellt wurde.[65] Gerade im Bereich des Wohnraums hatte die Benachteiligung „farbiger" Migranten schwerwiegende soziale Folgen. Durch die großen Probleme, die bei der Wohnungssuche auftraten, waren viele Immigranten dazu gezwungen sich in günstigem Wohnraum in den Innenstädten einzumieten.[66] Der soziale Sprengstoff, der dieser enklavenartigen Ansiedlung innewohnte, sollte sich in den folgenden Jahren und Jahrzehnten deutlich zeigen. Der gesellschaftliche Trend der Exklusion der kolonialen Immigranten fand in der Politik sein Pendant. Die im ‚CIA' benannten Einwanderungsquoten für die Kategorien A bis C[67], die über ein Voucher-System funktionierten, wurden bereits 1965 auf Basis des ‚White Papers' ‚Immigration from the Commonwealth' drastisch reduziert. Im Fall der Kategorie C, welche die Einwanderung ungelernter Arbeitskräfte regelte, erfolgte schon seit September 1964 keine Erteilung einer Einreiserlaubnis mehr.[68] Dass diese Verschärfungen der Einwanderungsquoten aber keinesfalls das Ende „farbiger" Migration nach Großbritannien bedeutete, zeigte sich in den Jahren 1967/68 in der so genannten „Kenia-Krise". Die kenianische Regierung forcierte die Ausreise asiatischer Siedler durch politische Diskriminierung im Arbeitssektor.[69] Da diese Siedler Inhaber britischer Pässe waren, hieß ihre nächste Anlaufstelle Großbritannien. Sofort wurden medial als auch

---

64 Vgl. Ebd., S.47.
65 Vgl. Ebd., S.48.
66 Vgl. Ebd., S.48f.
67 Vgl. Hansen, Citizenship, S.110.
68 Vgl. Ebd., S.150.
69 Vgl. Layton-Henry, Immigration, S.78f.

politisch die ersten Stimmen vernommen, die erneute Kontrollen und Gesetzesänderungen forderten. Die Wirkung dieser Bestrebungen bestand zunächst aber nur darin, dass die Zahl der Einwanderer aus Kenia anstieg.[70] Der britischen Öffentlichkeit und auch der Politik war die nächste Lücke aufgezeigt worden, die es „farbigen" Einwanderern ermöglichte, legal einzureisen. Die repressive Antwort der Regierung ließ nicht lange auf sich warten.

> The second Commonwealth Immigrants Act, which became law on 1 March 1968, proposed that any citizen of the UK or colonies, who was the holder of a passport issued by the UK government, would be subject to immigration control unless they, or at least one parent or grandparent, had been born, adopted or naturalized in the UK, or registered as a citizen of the UK and colonies.[71]

Labour hatte sich erneut dem politischen Druck der Kontrollbefürworter, vornehmlich der Konservativen, und der Angst vor Stimmverlusten gebeugt. Kurz vor der Verabschiedung des zweiten ‚CIA' hatte sich auf der Seite der Konservativen Enoch Powell mit seiner „River of Blood"-Rede als Wortführer gegen „farbige" Immigration hervorgetan. Unter Bezugnahme auf Schilderungen von Bürgerinnen und Bürgern aus seinem Regierungsbezirk schürte Powell in der Bevölkerung die Angst vor Einwanderung, indem er eine apokalyptische Zukunftsvision für Großbritannien zeichnete, die nur durch restriktive politische Maßnahmen zu verhindern sei.[72]

Sowohl Labour als auch die eigenen politischen Reihen straften Powell zwar für seinen populistischen Vorstoß ab, die Medienwirksamkeit der Rede war allerdings enorm.[73] Den politischen Spagat zwischen restriktiver Einwanderungspolitik und Anti-Diskriminierungs-, beziehungsweise Integrationsbemühungen versuchte die Labour-Partei als Konsequenz des PEP-Berichts aus dem Vorjahr zu lösen, indem sie dem zweiten ‚Commonwealth Immigrants Act' einen zweiten ‚Race Relations Act' gegenüberstellte. Dieser umfasste nun auch die prekären Felder der Wohnungssuche und des Arbeitsmarkts und schuf, über die Einführung von offiziellen Beschwerden, eine rechtliche Möglichkeit Diskriminierung

---

70 Vgl. Ebd., S.79.
71 Ebd.
72 Vgl. Ebd., S.80.
73 Vgl. Layton-Henry, Immigration, S.81.

anzuprangern und zu bestrafen.[74] Hintergrund war dabei unter anderem auch die aufkommende Black-Power- und Bürgerrechtsbewegung der USA. Der 1968 geschaffene ‚Race Relations Act' hatte somit auch eine präventive politische Absicht, die den sozialen Frieden sichern sollte.[75]

Die Rechnung für den politischen Zick-Zack-Kurs der Jahre 1964-1970 zahlte allein die Labour-Partei. Zu oft hatte sie sich den innerparteilichen - aber vor allem den konservativen Stimmen - und der öffentlichen Meinungsmache gebeugt, und dabei einen Kurs zwischen Kontroll- und Anti-Diskriminierungsgesetzen eingeschlagen, der die eigenen politischen Leitlinien verschwimmen ließ. Profiteur war die konservative Partei, die 1970 die Regierung übernahm. Der Einfluss Enoch Powells auf den Wahlerfolg ist dabei umstritten. Sein innerparteiliches Standing war keinesfalls das Beste und ist wohl am ehesten als Isolation zu bezeichnen. Dennoch wurde unter seiner Mithilfe die Debatte um Immigrationskontrollen zu einem wesentlichen Wahlkampfthema und seine „River of Blood"-Rede trug dazu bei, das Profil der Konservativen dahingehend zu schärfen. Hatte 1966 der Großteil der Wahlberechtigten noch keine signifikanten Unterschiede in der Einwanderungspolitik zwischen Labour und Konservativen attestieren können, so hatte sich dies 1970 drastisch geändert.[76] Die schwankende Haltung der Labour-Partei und Powells Anti-Immigrationskampagne sind dabei sicherlich zwei wesentliche Gründe für das Wahlergebnis 1970.

Die neue konservative Regierung hatte schon während des Wahlkampfs eine Neuregelung der Immigrations-Gesetzgebung angekündigt. Der ‚Immigration Act' aus dem Jahr 1971, der am 1. Januar 1973 in Kraft trat, schaffte das bisherige Voucher-System ab und ersetzte es durch Arbeitserlaubnisse, die jährlich zu überprüfen waren. Ansonsten knüpfte der ‚Immigration Act' an den Status der ‚patrials' an, der auch schon im zweiten ‚Commonwealth Immigrants Act' auftauchte, und die enge Verbindung zu Großbritannien durch Geburt oder Abstammung beschrieb. Ein Novum war hingegen die Thematisierung der Auswanderung „farbiger" Migranten, die fortan finanziell unterstützt werden sollte.[77] Der ‚Immigration Act' 1971 stellt den vorläufigen Endpunkt der restriktiven Einwanderungspolitik dar. Neben wirtschaftlichen und sozialen Argumenten, die immer wieder bemüht wurden, um die politischen Entscheidungen zu

---

74 Vgl. Solomos, Race and Racism, S.84f.
75 Vgl. Schönwälder, Politik der Labour-Regierung, S.146.
76 Vgl. Layton-Henry, Immigration, S.85.
77 Vgl. Layton-Henry, Immigration, S.85.

legitimieren, bestand ein weiterer Beweggrund für restriktive Einwanderungspolitik in der Unterstellung, dass asiatische und karibische Einwanderer die Fähigkeit, beziehungsweise der Willen zur Assimilation abgesprochen wurde. Assimilation wurde zu dieser Zeit als die Form der gesellschaftlichen Eingliederung angesehen, die der politischen Willensmehrheit entsprach.[78] Die Einwanderungsbestimmungen waren über die Jahre hinweg zunehmend verschärft und präzisiert worden, sodass „farbige" Einwanderung schließlich nahezu unmöglich war. „The 1971 Act eventually took away the right of black Commonwealth immigrants to settle, and thus represented an important step in the institutionalization of racist immigration controls."[79]

Neben dem politischen Paradigma der exklusiven Einwanderungsbestimmungen war es auch die Intention der konservativen Regierung gewesen, die öffentliche Debatte um die Einwanderung und deren Handhabung zu beruhigen, wenn nicht gar zu beenden. Bevor der ‚Immigration Act' jedoch überhaupt in Kraft trat, wurde bekannt, dass General Idi Amin, Präsident von Uganda, 50.000 asiatische Siedler ausweisen wollte.[80] Ähnlich wie im kenianischen Fall war ein Großteil der Betroffenen Inhaber eines britischen Passes. Der politische und mediale Effekt war enorm und förderte die Popularität von Anti-Immigrationsorganisationen, die sich vor allem in der politischen Rechten positionierten. Die ‚National Front' war einer der großen Profiteure der polarisierenden politischen Diskussionen der 1960er und 1970er Jahre. 1966 als Zusammenschluss mehrerer rechtsextremer Organisationen gegründet, erreichte sie rund zehn Jahre später - im Nachfeld der Uganda-Krise - beachtliche Wahlergebnisse bei lokalen Abstimmungen.[81] Der relative Erfolg rechtsextremer politischer Akteure ist auch Indiz für die Politisierung der Gesellschaft, beziehungsweise die Rückwirkung politischer und medialer Debatten auf die Gesellschaft, gerade im Bereich der Einwanderungsbestimmungen.

Rassismus und Diskriminierung waren somit auch weiterhin Bestandteile der britischen Gesellschaft. Zwischen 1972 und 1975 erfolgten abermals Untersuchungen der Einrichtung für ‚Political and Economic Planning', die die Wirksamkeit des ‚Race Relations Act' von 1968 in Frage stellten. Gerade in den klassischen Problemfeldern, dem Arbeits- und Wohnungsmarkt, wurden immer noch

---

78 Vgl. Schönwälder, Politik der Labour-Regierung, S.150.
79 Solomos, Race and Racism, S.70.
80 Vgl. Layton-Henry, Immigration, S.86.
81 Vgl. Ebd., S.91.

große Defizite konstatiert. „Discrimination was clearly based on colour prejudice and not on prejudice against foreigners […]."[82] Die geringe Inanspruchnahme der offiziellen Beschwerde, wie sie seit dem ‚Race Relations Act' möglich war, erklärt der Bericht dadurch, dass die Opfer der Diskriminierung diese oft gar nicht bemerkten, da Diskriminierung im Arbeits- wie auch im Wohnungssektor bereits bei der Einstellung, beziehungsweise Mieter- oder Käuferwahl stattfand.[83] Die politische Konsequenz war die Neuauflage des ‚Race Relations Act' im Jahr 1976. Die Labour-Partei, die 1974 wieder die Regierung übernommen hatte, konnte sich diesmal ihrem klassischen Politikfeld der Integration betätigen. Die politische Diskussion um die Geschlechtergleichstellung nahm man zum Anlass auch die Regelungen von 1965 zu überarbeiten. Im Wesentlichen wurde der ‚Race Relations Act' um zwei entscheidende Kriterien erweitert. Einerseits wurde nun auch indirekte Diskriminierung, wie sie der PEP-Bericht festgestellt hatte, unter Strafe gestellt, andererseits wurde eine Form der Gerichtsbarkeit eingeführt, die es jedem, der sich diskriminiert fühlte, erlaubte Anklage zu erheben.[84]

Gleichzeitig wurde auch die institutionelle Ebene reformiert. Im Rahmen der Gesetzgebung waren 1965 das ‚Race Relations Board' und die ‚Community Relations Commission' installiert worden, die – auf Empfehlung des Ausschusses, der die Gesetzesvorlage initiiert hatte – mit der Neuregelung von 1976 als ‚Commission for Racial Equality' (CRE) zusammengelegt wurden.[85] „The Commission for Racial Equality was thus a much more powerful body than its predecessors, with much greater scope and powers for strategic initiatives in enforcing the law."[86] Trotz neuer Befugnisse und Handlungsmöglichkeiten konnte die ‚Commission for Racial Equality' die hohen Erwartungen, die in sie gesetzt worden waren, nicht erfüllen.[87] Auch wenn die ‚CRE' oft unterstützend tätig wurde, sobald Diskriminierungsverfahren verhandelt wurden, gelang es ihr nicht, die nötigen gesellschaftlichen und politischen Veränderungen entscheidend voran zu treiben.[88]

---

82 Layton-Henry, Immigration., S.56.
83 Vgl. Ebd.
84 Vgl. Solomos, Race and Racism, S.88f.
85 Vgl. Layton-Henry, Immigration, S.58.
86 Ebd., S.60.
87 Vgl. Ebd.; Solomos, Race and Racism, S.89f.
88 Vgl. Solomos, Race and Racism, S.92.

Die Ära Thatcher, die die folgenden politischen Dekaden bestimmte, bezog in Sachen Integration und Immigration eine relativ rigorose Position. Der geführte „Rassen"-Diskurs war vornehmlich das Ergebnis politischen Kalküls gewesen, zog aber in den Reihen der Opposition und der in Großbritannien lebenden Migranten große Verärgerung nach sich.[89] Die geplanten Reformvorhaben, die primär die Familienzusammenführung erschweren sollten, gerieten aber schnell in die Kritik und konnten nur modifiziert umgesetzt werden.[90] Um sich den Vorwürfen rassistisch motivierter Immigrationspolitik zu entziehen, strebte die konservative Regierung eine Neuregelung der britischen Staatsbürgerschaft an.[91] Der ‚British Nationality Act' trat 1981 in Kraft und schuf drei neue Kategorien der Staatsbürgerschaft: „[...] British citizenship, citizenship of the British Dependent Territories and British overseas citizenship."[92] Der ‚Nationality Act' stellte die endgültige Abkehr vom Prinzip des *jus soli* hin zum *jus sanguinis* dar.[93]

„Farbige" Einwanderung war seit Ankunft der Windrush 1948 mit den Konnotationen der sozialen Unruhen, der Gewalt und der Kriminalität versehen. Die Ghetto-Bildung, wie sie in den USA stattgefunden hatte, wurde zum Anlass genommen auch die sozialen Probleme, die sich daraus ergaben, auf die britischen Großstädte zu projizieren.[94] Die hohe Ansiedlungsrate kolonialer Einwanderer in den Innenstadtbezirken trug sicherlich dazu bei solche Befürchtungen zu nähren, allerdings muss darauf verwiesen werden, dass diese lediglich das Resultat der Diskriminierung auf dem Wohnungssektor war und keinesfalls ein Beleg für gewollte Enklavenbildung oder der Verweigerung von Integration, beziehungsweise Assimilation. Dennoch erwiesen sich die Vorurteile gerade im Bereich der Kriminalität als äußerst hartnäckig. Auch wenn eine Untersuchung aus dem Jahr 1971 konstatierte, dass „farbige" Bürger nicht überproportional an Verbrechen und Gewalttaten beteiligt waren, blieb auf Seite der Bevölkerung als auch auf Seite der Polizei die Grundannahme bestehen, dass „Schwarze" öfter in Verbrechen verwickelt seien.[95] Dies führte zu einem andauernden Spannungsverhältnis

---

89 Vgl. Layton-Henry, Immigration, S.186.
90 Vgl. Ebd., S.190.
91 Vgl. Ebd.
92 Ebd., S.191f.
93 Vgl. Ebd., S.192.
94 Vgl. Ebd., S.124.
95 Vgl. Ebd., S.126.

zwischen Polizei und „farbigen" Immigranten, welches sich bei den karibischen Einwanderern als besonders prekär erwies. Den Polizisten wurde Willkür und Diskriminierung vorgeworfen, während die Polizei ihrerseits das bestehende „Verdächtigen-Gesetz" dahingehend auslegte überproportionale viele „schwarze" Bürger zu inhaftieren.[96] Die Konsequenzen dieser gegenseitigen Feindseligkeiten waren fatal. Die Polizei als Repräsentationsorgan der Staatlichkeit versagte in ihrer deeskalierenden Funktion und war mitverantwortlich für das hohe Maß an Konfliktpotenzial, was sich gerade in innerstädtischen Bezirken gegen Ende der 1970er anstaute. Entladen wurden diese Spannung in den sogenannten ‚inner-city riots' der frühen 1980er Jahre. Bristol 1980, Brixton und Liverpool 1981 sowie Tottenham 1985 sind als bekannteste Beispiele hierfür zu nennen. Die Gründe für die ‚riots' allein im Konflikt mit der Polizei zu sehen, wäre aber deutlich zu kurz gegriffen. Vielmehr hatte man es mit einem Konglomerat an Ursachen zu tun. Ausgrenzung und Rassismus sowie die Probleme auf dem Arbeits- und Wohnungsmarkt sowie im Bereich der Bildung bildeten zusammen die basalen Strukturen, die punktuell kulminierten und sich in Aufständen entluden.[97] Kulminationspunkte waren zumeist als unangemessen kategorisierte Polizeiaktionen gegen Einrichtungen der afro-karibischen Gemeinden oder gegen einzelne Mitglieder, die oft tagelange Auseinandersetzungen nach sich zogen. In Brixton kam es 1981 zu Aufständen, die drei Tage andauerten, und bei denen insgesamt 226 Menschen, darunter 150 Polizisten, verletzt, insgesamt 200 Menschen verhaftet, und zahlreich Gebäude und Fahrzeuge beschädigt wurden. Auslöser war die sechstägige Polizeiaktion ‚Swamp 81', während derer es insgesamt zu 118 Festnahmen und zu 75 Anklagen wegen Diebstahls, Einbruchs oder Raubs kam.[98] Als politische Antwort wurde ein Untersuchungsbericht eingefordert, der die Ursachen und die Verantwortlichkeiten für die Geschehnisse feststellen sollte. Dieser ging als ‚Scarman-Report', benannt nach seinem Verfasser, dem Richter und Mitglied des britischen Oberhauses, Leslie Scarman, in die Geschichte ein.

> The Scarman report is diplomatic and well balanced. All parties can find recommendations on which they agree and disagree. It puts the blame for the disorders on both the police and local community leaders. The direction and policies of the Metropolitan Police are

---

96 Vgl. Layton-Henry, Immigration, S.127.
97 Vgl. Ebd., S.137.
98 Vgl. Ebd., S.129.

found not to be racist, but instances of misconduct are found to occur on the streets.[99]

Neben der Analyse der ‚riots', beziehungsweise der entsprechenden Polizeiaktionen, legt der ‚Scarman report' einen weiteren Fokus auf die sozio-ökonomischen Probleme multikultureller, innerstädtischer Bezirke sowie im Besonderen auf die Probleme, mit denen sich junge „Schwarze" in solchen Bezirken konfrontiert sahen.[100] Gerade dieser Tatsache ist auch die Wirkkraft des Reports geschuldet. Hatte sich die Regierung bis zum Erscheinen der Untersuchungsergebnisse noch von jeglicher politischen Verantwortung freigesprochen, so setzten sie die Ergebnisse vom November 1981 doch deutlich unter Druck.[101] „Inner-city policy was transformed by the riots from a minor item on the Cabinet agenda to a matter of urgent and substantial importance."[102] Innerstädtische Projekte und solche, die soziale Benachteiligung bekämpfen sollten, wurden fortan vor allem finanziell deutlich intensiver gefördert.[103] Die ‚riots' von 1985 zeigten aber, dass es allein mit finanziellen Zuwendungen und Investitionen in den innerstädtischen Bereichen nicht getan war. Eine erneute Untersuchung der Vorfälle lehnte die Regierung Thatcher ab und stärkte die Position der Polizei.[104] Zeitgleich häuften sich in Großbritannien die Zahlen der Asylanträge, der illegalen Einwanderung sowie der rassistisch motivierten Gewalttaten.

---

99 Ebd., S.132.
100 Vgl. Solomos, Race and Racism, S.169f.
101 Vgl. Ebd., S.174.
102 Layton-Henry, Immigration, S.134.
103 Vgl. Solomos, Race and Racism, S.177.
104 Vgl. Layton-Henry, Immigration, S.204.

4. Präsentation und Repräsentation von Migration in kulturellen Erzeugnissen – Literarische Erzeugnisse

4.1 Migration als literarisches Thema

Wie in Kapitel 2 dieser Arbeit gezeigt werden konnte, beschreiben ‚Cultural' und ‚Postcolonial Studies' jeweils Emanzipationsprozesse, die als Resultat eine Differenzierung und Überprüfung des vorherrschenden wissenschaftlichen Konsens', beziehungsweise der perspektivischen Befangenheit der Wissenschaften aufweisen. Gleiches gilt dementsprechend auch für die Literaturwissenschaften. In ihrem Buch „The Empire Writes Back" entwerfen Ashcroft, Griffiths und Tiffin ein Modell der literarischen Emanzipation, die sich gegen die kolonial gesetzten Standards richtet, und sich kritisch gegenüber der literarischen Tradition des kolonialen Mutterlandes zeigt.[105] Auch Susanne Cuevas attestiert den postkolonialen Literaturwissenschaften eine „[…] radical critique of Eurocentric notions of literature and language […]."[106] Dieser Emanzipationsprozess umfasst zunächst auch noch literarische Fremdbeschreibungen von Stellvertretern der Kolonialmacht in ihren Peripherien und geduldete, beziehungsweise in Auftrag gegebene Literaturproduktion. Er wird jedoch nach und nach durch indigene Literatur ergänzt, die sich vor allem durch sprachliche und andere literaturtheoretische Aspekte vom oktroyierten Literaturkanon abgrenzt.[107] Diese Entwicklung innerhalb der ehemaligen Kolonialgebiete findet im literarischen Schaffen der Migranten im kolonialen Zentrum ihr Pendant. Einschränkend muss jedoch darauf hingewiesen werden, dass migrantische Literaturproduktion im kolonialen Mutterland auch immer als Resultat der Minoritätserfahrung in einer „weißen" Gesellschaft gesehen werden muss. Ein Status, der sich in den ehemaligen Kolonialgebieten oft nicht widerspiegelt.[108]

Dass es sich bei der ‚Black British literature' aber um kein reines Phänomen der Nachkriegs-, beziehungsweise Postkolonialzeit handelt, zeigen einige frühe literarische Werke, die bereits gegen Mitte des 18. Jahrhunderts erschienen.[109] Die karibische ‚Black British literature' der Nachkriegsjahrzehnte, wie sie in dieser

---

105 Vgl. Ashcroft, Bill/ Griffiths, Gareth/ Tiffin, Helen, The Empire Writes Back. Theory and practice in post-colonial literatures, London 1989, S.2-8.
106 Vgl. Cuevas, Babylon and Golden City, S.16.
107 Vgl. Ashcroft/ Griffiths/ Tiffin, The Empire Writes Back, S.6-11.
108 Vgl. Ebd., S.21.
109 Vgl. Reichl, Contact Zone, S.21.

Arbeit untersucht wird, ist in ihrer Entstehung hingegen eng verwoben mit den ersten Ansätzen kultureller Organisationsformen unter karibischen Einwanderern.[110]

Susanne Reichl unterteilt die Zeitspanne zwischen 1950 und 2000 in vier Etappen, die jeweils ein Entwicklungsstadium oder zumindest eine dominante Tendenz der ‚Black British literature' beschreiben. Die 1950er und 1960er Jahre kennzeichnen sich durch eine hohe Anzahl an Beiträgen von männlichen Migranten. Als besonders produktiv taten sich karibische Einwanderer hervor, die in den zwei Jahrzehnten mehr als 130 Kurzgeschichten publizierten und sich inhaltlich zumeist mit den Problemen ihres Migrationsprozesses auseinandersetzten.[111] In den 1960ern und 1970ern wurde diese Tendenz durch eine stärkere Politisierung der Literatur, gerade im Bereich der Poesie, ergänzt.[112] Vor diesem Hintergrund erfolgte in den 70ern und 80ern auch die Zunahme an von Frauen geschaffener Literatur, die neben den sozialen und ethnischen Problemen auch die Geschlechterrollen problematisierte.[113] Die letzte Dekade vor der Jahrtausendwende ist gleichbedeutend mit der zunehmenden Popularität und Beachtung der ‚Black British literature'. Neben der großen Aufmerksamkeit, welche die Diskussionen um Salman Rushdies „Satanische Verse" mit sich brachten, gab es einen erneuten quantitativen Anstieg, den Reichl einerseits auf eine Reihe junger Schriftsteller zurückführt, die sie der sogenannten „Zweiten Generation"[114] zuordnet, und den sie andererseits mit der Ausdifferenzierung der ‚Black British literature' in diverse Subgenres begründet.[115] Verwiesen sei an dieser Stelle auf zwei Begebenheiten, die großen Einfluss auf diese zweite Hochphase der ‚Black British literature' hatten: 1. das bereits erwähnte steigende öffentliche Renommee, das sich einstellte und in Form von Auszeichnungen und Preisen äußerte; und 2. die politischen Unruhen der 80er Jahre, beispielsweise die ‚riots' zu Beginn und Mitte des Jahrzehnts.[116] Gerade letzteres provozierte auf Seiten der

---

110 Vgl. hierzu: Khan, Naseem, The Arts Britain Ignores. The Arts of Ethnic Minorities in Britain, London 1976, S.94-118.

111 Vgl. Reichl, Contact Zone, S.22.

112 Vgl. Ebd.

113 Vgl. Ebd.

114 Der Generationen-Begriff erweist sich im Kontext der Migration als unscharfes Kriterium für Periodisierungen. Er wird im Folgenden daher ausschließlich im Sinne der jeweiligen Forschungsliteratur genutzt.

115 Vgl. Reichl, Contact Zone, S.23.

116 Vgl. Fußnote 34.

Kunstschaffenden, in Kombination mit weiteren ökonomischen und gesellschaftlichen Faktoren, eine kreative Reaktion, die sich auch quantitativ deutlich bemerkbar macht.[117]

Die relative Homogenität der inhaltlichen Ausrichtung der ‚Black British literature', wie sie Susanne Reichl in ihrer Periodisierung suggeriert, ist auch Indiz für die Bezugnahme auf gleiche Erfahrungswerte der Verfasser, die heutzutage möglicherweise unter dem Sammelbegriff des „Migrationshintergrundes" zusammengefasst werden würden. „Located through your 'otherness' a 'conscious coalition' emerges: a self-consciously constructed space where identity is not inscribed by a natural identification but a political kinship."[118] Auch James Procter beurteilt die gemeinsame politische Formierung als entscheidendes und inklusives Merkmal der ‚black community' in Großbritannien.[119] Eine gemeinsame politische Stoßrichtung wird somit zum Bindemittel und Identifikationsmerkmal zwischen Personen mit unterschiedlichen territorialen Verwurzelungen, und ihre Literatur wird gleichzeitig auch das Mittel ihres Kampfes. Verbindet man diese Annahme abermals mit den inhaltlichen Themen, die Reichl nennt, so lassen sich bereits zwei wesentliche Themenfelder der ‚Black British literature' feststellen: die Auseinandersetzung mit und die Suche nach der eigenen Identität und – im Fall der sogenannten „Zweiten Generation" – den Generationenkonflikt. Naturgemäß sind beide Themenfelder in ihren Problemstellungen nicht immer strikt voneinander trennbar. Barbara Korte entwickelt dementsprechend den Terminus des „Generationsbewußtseins".[120] Neben dem Identifikationsproblem ergibt sich durch die zeitliche Distanz zur Migration der Elterngeneration hierbei ein Generationenkonflikt, der sich inhaltlich wiederum auf den Integrations- und Migrationsprozess der Elterngeneration bezieht. Das Generationen-Modell dient darüber hinaus zusätzlich als Distinktionsmerkmal innerhalb der Geschichte der ‚Black British literature'. Zwar wird Generation bei

---

117 Vgl. Arana, R. Victoria, The 1980s. Retheorising and Refashioning British Identity, In: Kadija Sesay (Hrsg.), Write Black, Write British. From Postcolonial to Black British Literature, Hertford 2005, S.230-240, hier: S.230ff.

118 Weedon, Chris, Identity and Belonging in Contemporary Black British Writing, In: R. Victoria Arana/ Lauri Ramey, Black British Writing, New York 2004, S.73-98, hier: S.73.

119 Vgl. Procter, James, Dwelling Places. Postwar black British writing, Manchester 2003, S.6.

120 Vgl. Korte, Barbara, Generationsbewußtsein als Element >schwarzer< britischer Identitätsfiktion, In: Theodor Berchem et al. (Hrsg.), Literaturwissenschaftliches Jahrbuch 40, 1999, S.331-350, hier: S.335.

Barbara Korte nicht direkt als soziologische Begrifflichkeit gefasst, dennoch nutzt sie diese Kategorie, um die Beziehung zwischen dem postkolonialen Individuum und dem kolonialen Mutterland zu definieren.[121] Die „Erste Generation" kennzeichnet sich demnach vor allem durch eine Protesthaltung, die sich auch in ihrem literarischen Schaffen wiederfindet. Die „Zweite Generation" hingegen treibt eine thematische Verschiebung voran, die sich vor allem Identitätsfragen widmet.[122] Fraglich bleibt an dieser Stelle inwiefern nicht auch eine Protesthaltung, gemäß den Überlegungen Halls, als identitätsstiftendes Merkmal dienen kann. Darüber hinaus existieren natürlich noch weitere Kernthemen, mit denen sich die ‚Black British literature' auseinandersetzt.

> Black British writing is, thus, created within a framework of multiple relationships. The tensions among the relationships of race, identity, culture, and history converge and create a series of thematic and structural continuities and discontinuities that work within and against a tradition of revolutionary poetics. The tradition is defined by common themes while manifesting technical transformations. The tradition is also defined by the function of the poetry, which is to raise consciousness in order to create social and political change.[123]

Das bisher gezeichnete Bild der ‚Black British culture' deutet bereits einige Wandlungen und Neuorientierungen bezüglich der politischen Inhalte als auch der literarischen Themenstellungen an. Die Einschätzung Andrene M. Taylors stützt zudem die Annahme über Verwerfungen, Umwälzungen und Innovationen innerhalb der ‚Black British literature'. Gerade in den 1980er und 1990er Jahren, die Reichl als Jahrzehnte der Ausdifferenzierung gefasst hatte, lässt sich auch eine Destabilisierung des definitorischen Gefüges feststellen, das bis dato den Terminus ‚Black British' und sein Verständnis in der Öffentlichkeit geprägt hatte.[124] Reichl trägt dieser Tatsache ebenfalls Rechnung, indem sie auf die intellektuelle Debatte gegen Ende der 1990er hinweist, die sich gegen jede Form von Generalisierung und Kategorisierung, vor allem im Bereich der Terminolo-

---

121 Vgl. Ebd., S.333.
122 Vgl. Ebd., S.334.
123 Taylor, Andrene M., Black British Writing. "Hitting Up Against" A Tradition Of Revolutionary Poetics, In: R. Victoria Arana (Hrsg.), "Black" British Aesthetics Today, Newcastle upon Tyne 2009, S.16-30, hier: S.17.
124 Vgl. Procter, Dwelling Places, S.7.

gie, wehrte.[125] Stellvertretend für die Abkehr von einer identitätsstiftenden und inklusiven Funktion der ‚Black cultural production' steht Stuart Halls Abhandlung, die den Titel „New Ethnicities" trägt. Darin proklamiert Hall „a new cultural politics which engages rather than suppresses difference and which depends, in part, on the cultural construction of new ethnic identities."[126] Die uniformisierende Funktion der ‚Black British culture', wie sie in den Jahrzehnten zwischen 1960 und 1990 zum Zweck der Opposition gegenüber staatlichem und gesellschaftlichem Rassismus vorherrschte, wird reorganisiert, indem die ethnischen und kulturellen Differenzen der beteiligten Kulturschaffenden hervorgehoben werden.[127] Hall betont in diesem Kontext, dass es sich bei dieser Schwerpunktverlagerung lediglich um eine Adaption und Refokussierung handelt, und keinesfalls um eine Kritik an der bisherigen Ausprägung der Organisationsform und des Selbstverständnisses britischer Migranten geäußert wird.[128]

Insgesamt kann an dieser Stelle ein Trend konstatiert werden, der als Reindividualisierung der kulturellen Identität bezeichnet werden soll. Die inklusive Funktion der ersten Jahrzehnte der Nachkriegsmigration, die im kollektiven Widerstand zu rassistischen Tendenzen in der britischen Gesellschaft bestand, wurde zugunsten einer zunehmenden Diversität aufgelöst, in der Differenzen als Chancen und Zugewinne für die sich entwickelnde multikulturelle Gesellschaft verstanden wurden. Wie genau die Identitätsentwicklung und –herausbildung ablaufen kann, soll im Folgenden theoretisch skizziert werden. Die Ausführungen geben zeitgleich schon einen Eindruck davon, wie Identitätskonstruktion auch in der Literatur umgesetzt und aktiv gestaltet werden kann.

Stuart Hall unterscheidet zunächst zwischen zwei grundlegenden Konzepten kultureller Identität. Seiner Auffassung nach besteht sie entweder als *status quo* und als Sinnbild einer Einheit mit gemeinsamer Geschichte und Tradition oder als prozesshafte Entwicklung, die äußeren Einflüssen unterliegt.[129] Folgt man der Auffassung der *status quo*-Theorie, so gelangt man zu einem statischen Verständnis kultureller Identität.

---

125 Vgl. Reichl, Contact Zone, S.26.
126 Hall, New Ethnicities, S.169.
127 Vgl. Ebd., S.164.
128 Vgl. Ebd.
129 Vgl. Hall, Stuart, Cultural Identity and Cinematic Representation, In: Houston A. Baker, Jr./ Manthia Diawara/ Ruth H. Lindeborg, Black British Cultural Studies, S.210-222, hier: S.211ff.

> Kulturelle Identität wird innerhalb solcher Denkkategorien auf die Herkunft des Einzelnen oder auf bestimmte phänotypische Merkmale festgeschrieben. Was als fremd wahrgenommen wird, kann nicht zum Teil des Eigenen werden, so dass dem ‚Anderen' also lediglich die Alternative zwischen völliger Assimilation oder Ausschluss bleibt.[130]

Die Orient-Okzident-Dichotomie Edward Saids, die im Forschungsüberblick kurz erläutert wurde, basiert auf eben jener Annahme einer statischen kulturellen Identität, die sich ablehnend und wertend gegenüber anderen Identitäten zeigt.[131] Weitaus flexibler gestaltet sich die Auslegung Halls, die er im Fortlauf seiner Publikation vornimmt. „Cultural identities are the points of identification, the unstable points of identification or suture, which are made within the discourse of history and culture. Not an essence but a *positioning*."[132] Kulturelle Identität wird in diesem Kontext als Positionierung zur eigenen Vergangenheit betrachtet. In eine Krise gelangt die Identität vor allem in Zeiten der Diskontinuität. Die Zerstreuung und Dezentrierung der eigenen Identität sind das Resultat sich schnell wandelnder gesellschaftlicher und historischer Rahmenbedingungen.[133] Hall verweist jedoch darauf, dass diese Sichtweise nicht nur als destruktiv gewertet werden muss. Sie bietet gleichzeitig auch Raum für neue kulturelle Artikulationsformen.

Darüber hinaus existieren auch hybride Kulturen und Identitäten. Diesem Phänomen begegnet man, wie später gezeigt werden wird, auch in der „Black British literature". Allerdings erfährt das Konzept der Hybridität im Laufe des 20. Jahrhunderts auch einen starken Bedeutungswandel. Was zunächst noch als Anzeichen des kulturellen Verfalls gedeutet wurde, erhielt mit der Arbeit Homi Bhabhas, eines weiteren Theoretikers des Postkolonialismus, eine positive Konnotation. „Hybridität, wie sie Bhabha versteht, ist also nicht nur ein Prozess der Vermischung, sondern gleichzeitig ein (ständiger) Akt der Erneuerung und der Intervention."[134] Die ‚Re-Inventing'-These Bhabhas gewinnt in der gesellschaft-

---

130 Frank, Tobias, Identitätsbildung in ausgewählten Romanen der *Black British Literature*. Genre, Gender und Ethnizität, Trier 2010, S.35.

131 Vgl. Ebd..

132 Ebd., S.213.

133 Vgl. Hall, Stuart, The Question of Cultural Identity, In: Stuart Hall/ David Held/ Tony McGrew (Hrsg.), Modernity and its Futures, Cambridge 1993, S.273-316, hier: S.289f.

134 Frank, Identitätsbildung, S.35;39.

lichen Realität gerade gegen Ende der 80er und in den 90er Jahren an Aktualität, da das Verständnis des ‚third space', eben jenem Raum, in dem Erneuerung stattfindet, sich stetig erweitert. Das Konstrukt der ethnischen Minderheiten wird zugunsten der Multikulturalität und schließlich zugunsten der kulturellen Diversität aufgelöst.[135]

Neben dem Konzept der Hybridität existiert auch noch das romantische Ideal, das die Sehnsucht nach der Rückkehr zu den eigenen Wurzeln beschreibt. Allerdings ist dieses in Zeiten der Globalisierung und der ständigen Erneuerung nicht mehr aufrecht zu erhalten. Es wird von einem Zustand der Transformation ersetzt, der sich zwar stark an der eigenen Vergangenheit ausrichtet, zeitgleich aber die Auseinandersetzung mit dem neuen kulturellen Umfeld beinhaltet.[136] Kulturelle Identität ist, um es mit den Worten des deutschen Sozialpsychologen Heiner Keupps zu fassen, als Syntheseleistung zu verstehen.[137] Im Bezug auf die ‚Black British literature' entwirft Susanne Reichl, in Anlehnung an Marie Louise Pratt, das Konzept der ‚contact zone', das eben jenen Zustand der Auseinandersetzung beschreibt.[138] Die ‚contact zone' bezeichnet hierbei einen Ort, an dem kulturelle Differenzen aufeinandertreffen.[139] Literatur aber bleibt in dieser ‚contact zone' nicht nur das Produkt von intersubjektivem Austausch und Erfahrungen, vielmehr ist sie auch aktiver und formender Bestandteil der ‚contact zone', indem sie neue und abgewandelte Formen des kulturellen Austauschs verkörpert.[140]

Inwiefern sich auch die ‚Black British literature' innerhalb einer solchen ‚contact zone' konstituiert und somit auch aktiv an einer Neuordnung und Neuwertung von Kultur und kulturellen Begegnungen mitwirkt, wird im Folgenden noch genauer untersucht. Zu diesem Zweck werden die praktische Umsetzung der identitätsbildenden Funktion von Literatur, aber auch die übrigen genannten Themenkomplexe, anhand mehrerer literarischer Texte erläutert.

---

135 Sesay, Kadija George, Transformations within the Black British Novel, In: R. Victoria Arana/ Lauri Ramey, Black British Writing, New York 2004, S.99-108, hier: S.99f.
136 Vgl. Hall, Question of Cultural Identity, S.310.
137 Vgl. Frank, Identitätsbildung, S.53.
138 Vgl. Reichl, Contact Zone, S.42.
139 Vgl. Ebd., S.41.
140 Vgl. Ebd., S.42.

4.2 Erzählmuster und Strukturen in novels der ‚Black British literature'

Chris Weedon zeigt in ihrem Aufsatz vier unterschiedliche Wege auf, wie kulturelle Identität erlangt und literarisch verwirklicht werden kann:

1. Die erste Annäherung an das Thema „literarische Identitätsbildung" erfolgt, laut Weedon, über die Beschreibung der ‚black experience' während des Migrationsprozesses in das rassistisch geprägte, ehemalige koloniale Mutterland.
2. Die Ausbildung „kultureller Identität" kann zudem auch über die Historie geschehen. Weedon weist in diesem Kontext darauf hin, dass in diesem Fall oft auch imaginäre Rekonstruktionen von geschichtlichen Anekdoten oder beinahe in Vergessenheit geratenen Episoden bemüht werden.
3. Der dritte Aspekt beschreibt die Auseinandersetzung der, in Großbritannien lebenden Migranten, mit ihrer Um- und Mitwelt.
4. Weedons letzte Schwerpunktsetzung pointiert den dritten Aspekt, indem sie darauf fokussiert, welchen Einfluss der Faktor Rassismus auf identitätsbildende Prozesse nimmt.[141]

Die ersten beiden Ansätze befassen sich mit dem konkreten Vorgang der Aus-, beziehungsweise Einwanderung. Weedons Beispiele „The Final Passage" (1985), das im späteren Verlauf noch ausgiebig untersucht werden wird, und „Cambridge" (1991) stellen die Aspekte der Ausgrenzung und rassistischen Diskriminierung in der Frühphase der post-war-Migration in den Mittelpunkt, die zumindest im ersten Fall auch von einer starken Sehnsucht der Migranten nach ihrer „Heimat" begleitet wird.[142] Identitätskonstruktion gelingt an dieser Stelle durch die Schaffung von Geschichtsbewusstsein und historischer Tradition, wobei sowohl rein fiktionale als auch biographische Ansätze die Grundlage bilden können. Hinzu tritt die Erkenntnis, dass britische Geschichte keine exklusiv „weiße" Geschichte ist und sich auch nicht als homogenes Gebilde rassistischer Unterdrückung fassen lässt.[143] Die Fokussierung auf Individualerfahrungen stellt somit generalisierende Schuldzuweisungen in Frage und betont die Wechselwirkung, die zwischen britisch-indigener Geschichte und der Geschichte der Migranten besteht. Der „Heimat"-Diskurs wird jedoch oftmals noch um

---

141 Vgl. Weedon, Identity and Belonging, S.74.
142 Vgl. Ebd., S.78f.
143 Vgl. Ebd., S.81; 84.

einen weiteren Aspekt ergänzt, den Weedon in ihrer Argumentation nur am Rande behandelt: die Diaspora, beziehungsweise das ‚diasporic writing'. Allgemein kann darunter die Sehnsucht nach der Rückkehr in die Heimat verstanden werden. Mark Stein weist in seiner Untersuchung zu diesem Thema aber darauf hin, dass sich dieser Prozess auch generationenspezifisch ausdifferenzieren kann.[144] Diese Artikulation des Diaspora-Themas wird im späteren Verlauf der Arbeit in der Einzelwerkanalyse noch untersucht werden.

Weedons dritter Ansatz widmet sich der literarischen Verarbeitung zeitgenössischer Schilderungen und Identitätsfragen. Das Generationsbewusstsein, dem schon bei Barbara Korte ein hoher Stellenwert eingeräumt wurde, und alltägliche Kulturkonflikte sind hier zentrale Themen. So beschreibt beispielsweise Diran Adebayos „Some kind of black" (1997) die Geschichte eines Migranten, der gleichzeitig Mitglied des ‚black life' in London und der elitären Universitätsgemeinde in Oxford ist. In beiden ‚communitys' sieht er sich Formen des Diskriminierung ausgesetzt. Doch auch das Bild der ‚Black community' wird differenziert betrachtet. Hier stehen Probleme wie der Generationenkonflikt, politische Bewegungen oder auch die Drogenproblematik im Blickpunkt.[145] Identität kann hier am ehesten noch als Produkt der steten Auseinandersetzung mit seiner Umwelt und als Schwebe- oder Übergangsstadium verstanden werden. Kwame Dawes sieht den Wechsel hin zu der Beschäftigung mit der kontemporären Situation in Großbritannien zu Beginn der 1970er Jahre ebenfalls als bedeutenden Einschnitt. Während sich die Werke der 1950er und 1960er Jahre seiner Meinung nach auf die Repräsentation von Kulturwelten begrenzte, denen sich die Autoren auch identitär verbunden fühlten, änderte sich nun das Selbstverständnis und der Schauplatz der Werke und somit auch die politische und gesellschaftliche Botschaft.[146] Dass diese Generalisierung sich nicht in allen Fällen als zutreffend erweist, soll später an Samuel Selvons „The Lonely Londoners" gezeigt werden. Der vierte und letzte Aspekt, den Weedon erläutert, ist die Frage nach der eigenen Zugehörigkeit. Innerhalb einer rassistisch geprägten Gesellschaft kann sich kein Zugehörigkeitsgefühl entwickeln. Eine zusätzliche Problematisierung erfährt diese Tatsache in literarischer Weise, wenn es um das Le-

---

144 Vgl. Stein, Mark, Black British Literature. Novels of Transformation, Columbus 2004, S.58.
145 Vgl. Weedon, Identity and Belonging, S.87.
146 Dawes, Kwame, Negotiating the Ship on the Head: Black British Fiction, In: Kadija Sesay (Hrsg.), Write Black, Write British. From Post Colonial to Black British Literature, Hertford 2005, S.255-281, hier: S.257ff.

ben von Angehörigen der sogenannten ‚mixed race' geht. Sie verstehen sich in ihrer eigenen Auffassung weder der einen noch der anderen Kulturgruppe zugehörig.[147] Identitätsbildung und das Gefühl von Zugehörigkeit sind hier stark an gesellschaftliche Transformationsprozesse gebunden. „As black British writing consistently demonstrates, such transformations are essential to developing a society that is truly diverse and in which difference is valued and celebrated, not merely tolerated."[148] Die Ausführungen Weedons weisen auf eine weitere Besonderheit hin, die es im Rahmen der Identitätsbildung zu berücksichtigen gilt. Es handelt sich nämlich nicht ausschließlich um einen Konflikt mit der britischen Kultur und Gesellschaft, sondern ebenfalls mit der eigenen Identität und Geschichte. David Sutcliffe fasst diesen doppelten Konflikt wie folgt zusammen:

> I have stressed both the literary response and the Rastafarian movement as natural outgrowths of the dynamic contradictions within the culture, and as attempts to come to terms with the damage inflicted on the psyche by the experience of slavery. One could describe this as a response to the situation within. Blacks also have to contend with the situation without: the problem of growth and fulfillment in a society that is perceived to deny or degrade the identity of its Black members.[149]

4.2.1 The Lonely Londoners (1956)

Samuel Selvons „The Lonely Londoners" aus dem Jahr 1956 beschreibt episodenhaft und mit Hilfe einer Erzählfigur die migrantische Subkultur Londons. Die beiden Protagonisten Moses Aloetta und Henry Oliver (Sir Galahad) sind dabei die leitenden Konstanten der Erzählung. Moses Aloetta, der auch in späteren Erzählungen Selvons als Figur wieder auftaucht, lebt bereits seit zehn Jahren in London, während Sir Galahad gerade erst aus Trinidad immigriert ist. Moses übernimmt für viele Neuankömmlinge die Funktion eines freundschaftlichen Beraters und Ratgebers, auch wenn seine eigene Migrationsgeschichte eher als Misserfolg gewertet werden muss.[150] Darüber hinaus existieren viele weitere

---

147 Weedon, Identity and Belonging, S.91.
148 Ebd., S.95.
149 Sutcliffe, David, British Black English, Oxford 1982, S.67.
150 Vgl. Pichler, Susanne, Alien-Nation and Belonging. Ethnic Identities in Selected Black British Novels, In: AAA – Arbeiten aus Anglistik und Amerikanistik, Bd.29 (2004), Hf. 1, S.43-63, hier: S.50.

Charaktere, die sich jeweils mit den Herausforderungen und Problemen konfrontiert sehen, die sich ihnen als Migranten in London stellen.

„The Lonely Londoners" ist aufgrund mehrerer Aspekte als prägendes Werk der ‚Black British literature' zu werten. Zunächst einmal fand es sowohl in der Öffentlichkeit als auch in der Wissenschaft große Beachtung, was unter anderem auch sicherlich auf die Tatsache zurückzuführen ist, dass es bereits 1956 erschien und daher als erstes massenwirksames Werk der Nachkriegsepoche angesehen werden kann. Zweitens gestaltet es sich in seiner Ausarbeitung als interkulturelles Kommunikationsmittel und möchte, zumindest der Aussage Sam Selvons nach, auch als solches verstanden werden.[151] Es gehört also genau in den Bereich der ‚contact zone', die auch von Susanne Reichl als identitätsbildendes Konzept stark gemacht wurde. Drittens setzt die Erzählung auch im Bereich der Stilistik neue Maßstäbe, da es sich vor allem sprachlich an der Dialektik der karibischen Migranten orientiert. Die beiden letztgenannten Aspekte sind sicherlich mitverantwortlich für die besondere Aufmerksamkeit, die „The Lonely Londoners" zu Teil wurde. Hinzu tritt die Tatsache, dass Sam Selvon, beziehungsweise „The Lonely Londoners' als Frühwerk der Nachkriegs-‚Black British literature' auch im kulturellen Ausbildungsprozess eine wichtige Rolle einnahm.

> The tide of West Indian creativity was running high, profiting from the stimulus that a shift of place always brings - new horizons, new forms of expression, new and challenging definitions of roots. It was, says Selvon, a wonderful time, 'a period which marked the beginning of our future'. An informal federation, the writers and artists met frequently in the corridors of Bush House. Later, in the 1960s, they came together in an extraordinary grouping called The Caribbean Artists Movement. Behind today's black arts developments stand these sterling days.[152]

---

151 Fabre, Michel, Sam Selvon. Interviews and Conversations, In: Susheila Nasta (Hrsg.), Critical Perspectives on Sam Selvon, Boulder 1988, S.64-76, hier: S.66.

152 Khan, Naseem, The rise of the lonely Londoners: When the writer Sam Selvon arrived in England in 1950, he came in on a tide of new West Indian creativity. This week he reads from his work in the South Bank's 'Out of the Margins' season. Naseem Khan met him, In: The Independent, 12.11.1993, http://www.independent.co.uk/arts-entertainment/the-rise-of-the-lonely-londoners-when-the-writer-sam-selvon-arrived-in-england-in-1950-he-came-in-on-a-tide-of-new-west-indian-creativity-this-week-he-reads-from-his-work-in-the-south-banks-out-of-the-margins-season-naseem-khan-met-him-1503747.html (Abruf vom 24.02.14).

Im Folgenden soll allerdings primär die Darstellung des Kultur- und Identitätsverständnisses, die dem Werk zugrunde liegt, behandelt werden.

Samuel Selvon wurde 1923 in Trinidad geboren. Seine Eltern stammten aus Indien und Schottland. Im Gegensatz zu vielen Bewohnern der Karibik mit asiatischen Vorfahren wuchs Selvon jedoch nicht gemäß diesem Kulturverständnis auf, sondern beschreibt sich selbst als „kreolisiert".[153] Nach seinem Militärdienst im Zweiten Weltkrieg für die ‚Royal Navy' siedelte er als britischer Staatsbürger nach England über.

Seine Erzählung „The Lonely Londoners" charakterisiert er selbst als kommunikatives Werk. „[...] I wrote a modified dialect which could be understood by European readers, yet retain the flavour and essence of Trinidadian speech."[154] Selvon rekurriert hiermit primär auf seine gewählte Sprache und Dialektik, die als „kreolisiertes" Englisch bezeichnet werden kann und in der wissenschaftlichen Rezeption viel Beachtung fand.[155] Die kommunikative Absicht seiner Erzählung geht aber über diesen Aspekt hinaus. „As Selvon explains, the 'episodic quality of my novel' came from 'the quality of West Indian life in London', and was designed to communicate the disconnection and oscillation of mood central to that experience."[156] In seiner Erzählung lässt sich die grundlegende Kommunikationssituation gleich an mehreren Textstellen und auf mehreren kommunikativen Ebenen nachweisen. Kommunikation darf in diesem Kontext aber nicht ausschließlich als verbale oder schriftliche Korrespondenz verstanden werden, sondern auch als Bestandteil des kulturellen Austauschs. Als kennzeichnend erweist sich dabei jeweils die Wechselwirkung zwischen den Kommunikationsteilnehmern, die einerseits durch die „Commonwealth-Immigranten" und andererseits durch die „weiße" Londoner Bevölkerung verkörpert werden. Bereits die erste Episode an der ‚Waterloo Station', dem Ankunftspunkt für viele Immigranten in London, verdeutlicht die Wirkkraft von Kommunikationsmitteln. Die Bezugnahme auf aktuelle politische Debatten und die Bedeutung der Medien im Kontext der Migrationsdiskussion verdeutlicht diese Annahme. „Newspaper and radio rule this country."[157] Die Macht und Willkür der Medien zeigt sich bereits

---

153 Vgl. MacPhee, Postwar British Literature, S.118 Fabre, Sam Selvon, S.70.

154 Fabre, Sam Selvon, S.66.

155 Vgl. hierzu: Bentley, Nick, Form and Language in Sam Selvon's *The Lonely Londoners*, in: ariel, Vol.36, No.3/4 (2005), S.67-84; MacPhee, Postwar British Literature, S.120ff.

156 MacPhee, Postwar British Literature, S.119.

157 Selvon, Samuel, The Lonely Londoners, London 1985, S.24.

kurz darauf, als sich die gerade in London eingetroffene Familie von Tolroy, einem der Charaktere Selvons, in bester Absicht fotografieren und interviewen lässt. Das Foto erscheint wenige Tage darauf unter der Schlagzeile ‚Now, Jamaican Families Come to Britain' in einer Tageszeitung und dient als Aufhänger für einen migrationsskeptischen Artikel.[158] Diese Episode kann durchaus als Anspielung auf die medialen „Exzesse", die sich Mitte der 50er Jahre ereigneten, verstanden werden.

Der Austausch zwischen beiden ‚communitys' zeigt sich aber noch anderen Stellen. Einen wichtigen Platz nimmt dabei die Bürokratie und Verwaltung ein, mit der sich die ‚boys' gerade im Bereich der Arbeits- und Wohnungssuche auseinander zu setzen haben; den klassischen Problemfeldern von Migranten, wie sie bereits in der historischen Verortung dieser Arbeit thematisiert wurden. Sir Galahads Besuch auf dem Arbeitsamt steht prototypisch für das Prinzip der institutionellen und gesellschaftlichen Diskriminierung. „They don't tell you outright that they don't want coloured fellars, they just say sorry the vacancy get filled."[159] Diese Form der institutionellen Kommunikation sorgt bei Sir Galahad für großes Unbehagen, zumal seine Arbeitssuche vorerst erfolglos bleibt.[160]

„If the novel shows how public institutions and discourses construct a new 'immigrant' subjectivity, it also shows how the migrants remake London and its public and social spaces [...]."[161] Die von MacPhee konstatierte ‚new subjectivity' erinnert an die Annahme der Identitätskrisen und –neuorganisationen in Zeiten der kulturellen und sozialen Diskontinuität. Die Konfrontation mit staatlichen Behörden und mit einer feindlichen gesinnten Öffentlichkeit, die hier durch die Medien symbolisiert wird, führt dazu, dass das eigene Verständnis und die Selbsteinschätzung bezüglich der eigenen Migration überdacht und möglicherweise auch revidiert werden.

> Instead, migrants discovered that systemic discrimination limited their access to jobs and housing, resulting in an informal but pernicious system of segregation in the metropole. In this way, England's postwar policy effectively internalized colonial systems of racial hierarchy and segregation. In other words, the post-war period revealed

---

158 Vgl. Ebd., S.31f.
159 Ebd., S.46.
160 Ebd., S.45f.
161 MacPhee, Postwar British Literature, S.123.

the ways in which the racial hierarchies and racial segregation of colonial rule were brought "home" to England.[162]

Rassismus und Ausgrenzung werden in „The Lonely Londoners" in Räumen erfahrbar, die sich gemäß Susanne Reichl als ‚contact zones' klassifizieren lassen und somit, im Sinne Weedons, auch Einfluss auf die Identitätsbildung nehmen. Das vorangestellte Beispiel des Arbeitsamts markiert einen solchen Raum, in dem kulturelle Identitäten aufeinandertreffen und Transformationsprozesse stattfinden. Das Zitat von Graham MacPhee weist zeitgleich jedoch auch auf die Tatsache hin, dass dieser Transformationsprozess beidseitig stattfindet. In „The Lonely Londoners" werden hybride Räume geschaffen und die Akteure durchbrechen in einigen Episoden die rigide Dichotomie zwischen migrantischer Minorität und „weißer" Majorität. So organisiert ein weitere Charakter Selvons, Harris, beispielsweise Feiern, auf denen karibische Musik gespielt wird. John MacLeod beschreibt dies als

> a way of envisaging just for a moment a new kind of socially inclusive space which emerges from the creolizing promise of the dance-floor: tolerant, racially inclusive, pleasurable, mobile, negotiating between [...] past and present, inside and outside, the Caribbean and London.[163]

Trotz zahlreicher Textstellen, an denen sich Ansätze gesellschaftlicher Inklusion ablesen lassen, erweisen sich diese stets als ambivalent. „In fact, in *The Lonely Londoners* every expression of self-possession, reappropriation and hybridity is hemmed in by a surrounding sense of limitation."[164] Diese Limitierung zeigt sich am deutlichsten anhand der begrenzten Mobilität der Charaktere. Lisa M. Kabesh charakterisiert die Erzählung zwar als „a text preoccupied with movement—it maps a London transformed by West Indian immigrants as they search for work, travel to and from their jobs, move in and out of rented apartments, and tour the city's public spaces in search of women."[165] Diese Mobilität ist aber nicht im Sinne von Freiheit oder Grenzenlosigkeit zu verstehen. Auch Moses ist

---

162 Kabesh, Lisa M., Mapping Freedom, or its Limits. The Politics of Movement in Sam Selvon's *The Lonely Londoners*, In: Postcolonial Text, Vol.6, No.3 (2011), S.1-17, hier: S.2, http://postcolonial.org/index.php/pct/article/view/1255/1211 (Abruf vom 16.01.2014).
163 MacLeod, John, Postcolonial London. Rewriting the metropolis, London 2004, S.39.
164 MacPhee, Postwar British Literature, S.124.
165 Kabesh, Mapping Freedom, S.1.

sich dieser Limitierung bewusst. „Nobody in London does really accept you. They tolerate you, yes, but you can't go in their houses and eat or sit down and talk. It ain't have no sort of family life for us here."[166] Die Einschätzung Moses, der dieses Zitat entstammt, ist sinnbildlich für die territoriale Entgrenzung zu sehen, die die Migranten in London erfahren. Ihre Mobilität in öffentlichen Räumen kann nicht darüber hinweg täuschen, dass sie im Bereich der gesellschaftlichen Inklusion, auch im Sinne einer Integration, unüberwindbaren Hürden gegenüber stehen.

> The Lonely Londoners repeatedly asks which forms of freedom might translate into broader political and social change. In so doing, the novel launches an anti-racist critique that targets the state, while challenging capitalism and its privatization of the racial hierarchies of European imperialism, as well as black masculine chauvinism and its re-inscription of gender hierarchies.[167]

Hier treten wieder die kommunikativen und universellen Faktoren in den Vordergrund, die Samuel Selvons Werk kennzeichnen. Seine Kritik richtet sich keineswegs ausschließlich gegen die „weiße" Majorität, sondern auch gegen das Verhalten der „schwarzen" Minorität, gerade im Bereich der Sexualität und des Geschlechterverständnisses.[168] Identität und die inklusiven Gesellschaftsentwürfe sind hierbei eher das Resultat staatlicher und ökonomischer Prämissen, die „schwarz" und „weiß" gleichermaßen betreffen.[169] Die Kritik an gesellschaftlicher Segregation löst sich an dieser Stelle vom Bezugsrahmen der Migration, sondern erhebt sich zur allgemeinen Kritik am politisch-ökonomischen Staatsmodell. London als Zentrum dieser staatlichen und wirtschaftlichen Macht wird somit zu dem Ort, an dem sich gesellschaftliche Segregation besonders deutlich zeigt.

> It have people living in London who don't know what happening in the room next to them, far more the street, or how other people living. London is a place like that. It divide up in little worlds, and you

---

166 Selvon, The Lonely Londoners, S.130.
167 Kabesh, Mapping Freedom, S.13.
168 Vgl. Ebd., S.10.
169 Vgl. Selvon, The Lonely Londoners, S.74f.

stay in the world you belong to and you don't know anything what happening in the other ones except what you read in the papers.[170]

Samuel Selvons „The Lonely Londoners" widerlegt durch seine thematische Ausrichtung, die sich nicht allein auf den Migrationsprozess als solchen begrenzt, sondern diesen auch innerhalb gesellschaftlicher und ökonomischer Kontext einbettet, die Annahme Kwame Dawes. Dieser stellte für die Literatur der 1950er und 1960er Jahre fest, dass sich diese auf die Darstellung migrantischer Kulturwelten begrenze.[171] Selvon leistet dies in seinem Werk zwar durchaus, allerdings synthetisiert er zusätzlich politische, ökonomische und gesellschaftliche Problemlagen, die sich in hybriden Gebilden wie der ‚contact zone' oder in gesamtgesellschaftlichen Segregationstendenzen zeigen, die unabhängig von Hautfarbe und Herkunft sind.

4.2.2 Moses Ascending (1975)

„Moses Ascending" bildet zusammen mit „The Lonely Londoners" und "Moses Migrating" (1983) eine literarische Triologie, die sich in ihrem Kern mit der Lebensgeschichte des bereits bekannten Moses Aloetta beschäftigt. „Moses Ascending" nimmt in dieser Triologie gerade in seiner zeitlichen Distanz von fast 20 Jahren zu „The Lonely Londoners" eine entscheidende Rolle ein. Nicht nur der Protagonist hat sich verändert, sondern auch das Leben und die Welt um ihn herum. Selvon bedient sich wieder eines episodenhaften Erzählstils, der es erschwert einen kohärenten Handlungsstrang wiederzugeben. Dennoch lassen sich einige markante Themenschwerpunkte in „Moses Ascending" ausmachen.

Moses ist mittlerweile Hauseigentümer und grenzt sich in seinem Selbstbild von seinen ehemaligen Weggefährten ab. Dass diese Abgrenzung der Realität nicht wirklich standhält, zeigt sich allein schon an der Tatsache, dass Moses neues Zuhause eine abrissreife Baustelle ist, und er, beziehungsweise sein Haus, auch weiterhin als Anlaufstelle für Migranten in London dienen. So trifft sich beispielsweise die ‚Black Power'-Bewegung, der auch Sir Galahad, ebenfalls bekannt aus „The Lonely Londoners", angehört, und die innerhalb der Erzählung immer wieder in Konflikte mit der Polizei gerät, in Moses Keller. Hinzu kommt die Tatsache, dass sein Domizil zeitweise von einem Pakistani als Zwischenhalt für illegale Immigranten genutzt wird. Hier zeigt sich ein erstes Indiz für die Aktualisierung der Erzählwelt. Das dritte zentrale Element der Erzählung ist die

---

170 Ebd., S.74.
171 Vgl. Fußnote 142.

Beziehung zwischen Moses und dem Briten Bob, einem Analphabeten, der Moses bei seiner schriftstellerischen Tätigkeit behilflich sein soll und selbst neu in London ist.

Im Gegensatz zu „The Lonely Londoners" bedient sich Sam Selvon in „Moses Ascending" Moses' als „Ich-Erzähler". Bereits gegen Ende von „The Lonely Londoners" hatten sich solche Verschmelzungstendenzen zwischen der Erzählfigur und Moses angedeutet.[172] Selvon gelingt so eine stärkere Fokussierung auf Moses individuelle Entwicklung, die sich auch in der Tatsache bemerkbar macht, dass sich dieser auch sprachlich an Großbritannien adaptiert. Während Moses und die weiteren Charaktere sich in „The Lonely Londoners" noch ‚Caribbean English' sprachen, kann zumindest bei Moses eine neue hybride Sprache attestiert werden, die eine Vermischung eben jenes ‚Caribbean English' mit Standard Oxford Englisch darstellt. Für Moses, der als Autor auch einen gewissen künstlerischen und ästhetischen Anspruch an sich selber stellt, ist diese Sprache auch Ausdruck seiner selbstattestierten Zugehörigkeit.[173] Dass sich diese vielmehr als einstudierte Rolle entpuppt, zeigt sich am deutlichsten als er nach einer Demonstration am ‚Trafalgar Square' festgenommen wird. „If I had time I would have said ‚Unhand me, knave,' but instead I say, 'Let me go, man, I ain't done nothing.'"[174] Moses Imitation und Adaption britischer Verhaltensweisen erweist sich nur als bedingt umsetzbar.[175] Das gewählte Beispiel zeigt deutlich, dass sich sein Bemühen in der Konfrontation mit staatlichen Repräsentanten und diskriminierender Behandlung nicht aufrechterhalten lässt.[176] So lässt sich auch seine proklamierte Abkehr von seinen alten Weggefährten nicht umsetzen. „When I leave here, my past will be behind me, you inclusive.", verkündet Moses kurz vor seinem Umzug in seines neues Haus gegenüber Sir Galahad. Dieser scheint im Gegensatz zu Moses die Fragilität dessen Identitätskonstrukts zu durchschauen. Moses Aufstieg wird an dieser Stelle auch zum Beginn seines Abstiegs. „It is no surprise that his ascent actually leads to his descent because

---

172 Vgl. Ramchand, Kenneth, Song of Innocence, Song of Experience. Samuel Selvon's *The Lonely Londoners* as a literary Work, In: Susheila Nasta (Hrsg.), Critical Perspectives on Sam Selvon, Boulder 1988, S.223-233, hier: S.228.

173 Nazareth, Peter, Interview with Sam Selvon, In: Susheila Nasta (Hrsg.), Critical Perspectives on Sam Selvon, Boulder 1988, S.77-94, hier: S.80.

174 Selvon, Samuel, Moses Ascending, Oxford 1998, S.36.

175 Vgl. Ebd., S.11; S.50.

176 Vgl. Ellis, David, Writing Home. Black Writing in Britain Since the War, Stuttgart 2007, S.22.

Galahad had told him that the building was a house of cards practically due for demolition."[177] Gleichzeitig sind die Segregationstendenzen, die Moses beispielsweise gegenüber der ‚Black Power'-Bewegung zeigt, auch als Anhaltspunkt für die zunehmende Ausdifferenzierung und Disharmonie innerhalb der ‚community' zu werten. „Rather, it is a riot of voices that reflect the discord within the black community and Selvon's own disillusionment with the process of integration in Britain."[178] Moses zeigt sich angesichts des anhaltenden Migrationsmisserfolgs zunehmend resigniert. Sir Galahad hingegen tritt als energische Kontrastfigur auf, die auch die Konfrontation mit staatlichen Autoritäten sucht. Doch auch diese Form des Widerstands bewertet Sam Selvon als Sinnbild der Zersplitterung der ‚Black community'. „I use Black Power as a theme, for part of the plot revolves around the conflicting ideals, demands and pretences of people who claim they represent Black Power."[179] Am deutlichsten zeigt sich diese Zerrüttung innerhalb der ‚Black Power'-Bewegung anhand des Diebstahls den BP, ein amerikanischer ‚Black Power'-Aktivist, begeht. Er stiehlt Sir Galahad und seiner Gruppe ihr komplettes Vermögen.[180]

Zeitgeschichtlich fallen die Auseinandersetzungen zwischen der ‚Black Power'-Bewegung und der Polizei, wie Selvon sie beschreibt, in die Phase des zweiten PEP-Reports und ins Nachfeld des ‚Race Relations Act' von 1968. Der Nachweis von anhaltender Diskriminierung im Wohnungs- und Arbeitssektor, die sowohl in „The Lonely Londoners" als auch in „Moses Ascending" immer wieder thematisiert wird, ist sicherlich mitverantwortlich für die Forderungen der ‚Black Power'-Bewegung. Auch die Rolle der Polizei in diesen Auseinandersetzungen wird vor dem Hintergrund rassistischer Diskriminierung kritisch hinterfragt.[181] Der Rassismus-Diskurs, den Sam Selvon an dieser Stelle aufnimmt, beschränkt sich jedoch nicht nur auf das Vorgehen der Polizei und das von ihr angewendete ‚suspected person law'. Auch Moses und Sir Galahad können sich nicht von gesellschaftshierarchischen Sichtweisen lossagen. Gerade ihr Verhalten gegenüber den illegalen Immigranten, denen Moses in seinem Haus Zuflucht

---

177 Nazareth, Peter, The Clown in the Slave Ship, In: Susheila Nasta (Hrsg.), Critical Perspectives on Sam Selvon, Boulder 1988, S.234-239, hier: S.239.
178 Ellis, Writing Home, S.21.
179 Fabre, Sam Selvon, S.74.
180 Vgl. Selvon, Moses Ascending, S.115.
181 Morris, Mervyn, Introduction, In: Selvon, Moses Ascending, S.VII-XVIII, hier: S.IX.

gewährt, zeigt dies deutlich.[182] Die Abgrenzung innerhalb verschiedener Migrantengruppen pointiert Sir Galahad: „Don't accuse me, I never told you anything about those bloody Pakis, [...] I meant Our People. If you had stuck to your own kind, you wouldn't of been in this shit."[183] Auch hier können Ansätze von gesellschaftlichen Adaptionsprozessen festgestellt werden. Postkoloniale, hierarchische Gesellschaftssysteme werden hier weitergetragen und auf die „Neuankömmlinge" projiziert. Das Prinzip der „Postkolonialisierung" wird von Selvon aber noch an anderer Stelle genutzt, dieses Mal aber in humoristischer Absicht. So erweisen sich die Episoden, in denen Moses mit seinem „Assistenten" Bob agiert, als Gegenentwurf zur Geschichte von Robinson Crusoe und Freitag.[184] Der weiße Analphabet Bob „immigriert" nach London, die Stadt, in der Moses schon seit 30 Jahren lebt. „He was a willing worker, eager to learn the ways of the Black man."[185] Bob nimmt zeitgleich die Rolle des Schülers und des kolonialen Untertans ein. Selvon evoziert somit nicht nur einen Bruch mit den klassischen kolonialen Hierarchien, sondern auch mit der britischen Literaturtradition. Seine Bezugnahme auf „Robinson Crusoe", eines der frühsten britischen Romanwerke, wird ergänzt durch Anspielungen auf George Lamming und Andrew Salkey, beide ebenfalls afro-karibische Autoren in England.[186] Sam Selvon nutzt hier Moses in seiner Funktion als Autor, um sich auf einer Metaebene mit anderer zeitgenössischer Literatur – mit Ausnahme von „Robinson Crusoe" (1719) – auseinanderzusetzen. Diese wird, trotz der geringschätzigen Haltung Moses innerhalb der Erzählung, jedoch nicht in ihrem Wesen kritisiert oder in Frage gestellt.[187] Sie ist vielmehr als Plädoyer für die karibische Literatur zu sehen. Wie bereits bei „The Lonely Londoners" wird auch hier der episodenhafte Erzählstil und die sprachliche Ausgestaltung als stellvertretend für die grundlegende Ausrichtung karibischer Literatur verstanden.

> This is the way Caribbean literature is, the way people are, the way we are. I do not try to change it and make it traditional. It follows tradition in general, but with a difference – writers write about peo-

---

182 Vgl. Selvon, Moses Ascending, S.55.

183 Ebd., S.78.

184 Baugh, Edward, Recent Caribbean Writing. Moses Ascending, In: Susheila Nasta (Hrsg.), Critical Perspectives on Sam Selvon, Boulder 1988, S.135-138, hier: S.136.

185 Selvon, Moses Ascending, S.4.

186 Vgl. Selvon, Moses Ascending, S.138.

187 Vgl. Fabre, Sam Selvon, S.74.

ple, how they are: disjointed; that's how people are. If I tried to do it any other way it would be untrue.[188]

„Moses Ascending" beschreibt im Gegensatz zu „The Lonely Londoners" ein anderes, denn differenzierteres Bild der ‚Black British community'. Im eigentliche Sinne hat sich zwar keine Veränderung der Problemlagen ergeben, die 20 Jahre zuvor noch eine homogenisierende Wirkung hatten. Allerdings hat sich die Einstellung der betroffenen Migranten gegenüber ihres eigenen Migrationsprozesses augenscheinlich geändert. Moses attestiert sich selbst ein gewisses Maß an Integrationserfolg, das er teilweise durch seine Verhaltensweise und durch die Adaption postkolonialer Gesellschaftstendenzen zu stützen versucht. Diese individualisierte Verarbeitung der gescheiterten Integration in eine weiterhin ablehnende, „weiße" Majoritätsgesellschaft, ist Bestandteil der sich ausdifferenzierenden und zunehmend heterogenen ‚Black community'. Sam Selvon zog aus dieser gescheiterten Integration seine eigenen Schlüsse. Er wanderte Ende der 70er Jahre nach Kanada aus.

4.2.3 The final passage (1985)

„The Final Passage" von Caryl Phillips aus dem Jahr 1985 behandelt die Geschichte der 19-jährigen Leila Preston, die auf einer karibischen Insel als Kind einer „schwarzen" Mutter und eines „weißen" Vaters, den sie jedoch nie kennenlernt, aufwächst. Zusammen mit ihrem Mann Michael beschließt sie zu Beginn der 1960er ihre Auswanderung nach Großbritannien. Während Michael sich vor allem die Verbesserung der ökonomischen Situation zum Ziel gesetzt hat, ist Leila auch daran gelegen ihre Ehe zu retten, da Michael eine Affäre mit einer anderen Frau hat.[189] Bereits die ersten Erkundigungen und Erfahrungsberichte über Großbritannien sind Spiegelbild einer Ambivalenz, die wegweisend für den weiteren Verlauf der Geschichte sein wird. Leilas Mutter, die aus gesundheitlichen Gründen bereits nach Großbritannien emigriert ist, und auch andere Bekannte der Familie stellen die positiven ökonomischen Aspekte der Migration in den Vordergrund. Michaels Vater, der selbst nach Mittelamerika ausgewandert war, als auch Rückkehrer aus Großbritannien (Alphonse Walthers) berichten jedoch von Rassismus, Ausgrenzung und unwürdigen Arbeitsbedingungen. In London sieht sich die Familie mit Diskriminierung und Rassismus im Wohnungs- und Arbeitssektor konfrontiert. Als Leilas Unglück in der neuen

---

188 Ebd., S.74f.
189 Vgl. Pichler, Alien-Nation, S.53.

Heimat nach dem Tod ihrer Mutter und der Trennung von ihrem Mann, der eine Beziehung mit einer „weißen" Frau eingeht, kulminiert, entschließt sie sich dazu mit ihren beiden Kindern wieder in die Karibik zurückzukehren.

Caryl Phillips, der 1958 auf St. Kitts geboren und bereits wenige Wochen später mit seinen Eltern nach England auswanderte, rekurriert bereits mit seinem Werktitel auf den Sklaverei-Diskurs. „The final passage" wird als Ankunft am eigentlichen Destinationsort verstanden und als letzter Teil einer „Reise", die von Afrika, über die Karibik nach Großbritannien führt.[190] Der Trugschluss, der diesem Destinationsgedanken zugrunde liegt, zeigt sich in Phillips Erzählung allein in der Tatsache, dass die „Reise" eben nicht in Großbritannien endet, sondern Leila sich mitsamt ihren Kindern zur Rückkehr in die Karibik entscheidet. Untersucht man die Erzählung hinsichtlich ihres Verständnisses und ihrer Konstruktion von kultureller Identität, so zeichnet sich zudem ein Bild, das sich als relativ deckungsgleich mit den bisherigen Schilderungen zur Frühphase der Migration in den 50ern und 60ern erweist. Leilas Familie sieht sich in London mit massiver Diskriminierung im Wohnungs- und Arbeitssektor konfrontiert. „They walked a little slower now, but the rest of the signs were explicit. 'No vacancies for coloureds'. 'No blacks'. 'No coloureds'."[191] Hier zeigen sich klare Bezüge zur gesellschaftlichen Realität in Großbritannien, wie sie beispielsweise der PEP-Bericht von 1967 bezeugt, und deren Zeitzeuge auch Caryl Phillips wurde. Die vornehmlich ökonomischen Gründe der Migration, zumindest auf Seiten Michaels, sind als Bezugnahmen auf die wirtschaftliche Notlage der karibischen Staaten in den 50er und 60er Jahren zu deuten. Explizit wird die Einbindung historischer Begebenheiten aber noch an einer anderen Stelle: „The bus splashed to a halt at a new set of traffic lights, and Leila noticed that the lettering got smaller and more hurried, as if the artist was running out of paint and time. 'IF YOU WANT A NIGGER NEIGHBOUR VOTE LABOUR.'"[192] Hier findet eine direkte Bezugnahme Phillips auf den Wahlkreis-Wahlkampf 1964 im Smethwick statt. Rassismus und Ausgrenzung sind somit die entscheidenden Themen, mit denen sich Leila auseinandersetzen muss. Die Vermischung der Sorgen, die sie bereits vor ihrer Ankunft in London bezüglich ihres neuen Umfelds hatte,[193] führen in Kombination mit den Verlusterfahrungen, die sich in England

---

190 Vgl. Ellis, Writing Home, S.173.
191 Vgl. Phillips, Caryl, The final passage, London 1995, S.156.
192 Vgl. Ebd., S.122.
193 Vgl. Ebd., S.114/129.

machen muss, zu einer starken Beeinträchtigung ihres Selbstbewusstseins und ihrer Selbstwahrnehmung.[194] Die politische und gesellschaftliche Kontextualisierung, die Phillips durch die genannten Beispiel erreicht, sollte allerdings nicht dazu verleiten „The final passage" als schlichte Repräsentation kollektiver Erfahrungswerte einzustufen. Die Fokussierung auf die Individualerfahrung, wie sie bereits bei Chris Weedon dargestellt wurde, ist auch hier dominant.[195] Sie erfüllt den Zweck die kollektivierende Vorstellung einer einheitlichen „Ersten Generation" von Einwandern zu hinterfragen. Die Betonung und Aufwertung von subjektiven Differenzen, wie sie in den 80er und 90er Jahren stattfand, findet hier ihre retrospektive Anwendung. In diesem Kontext ist auch darauf hinzuweisen, dass „The final passage" eins der ersten Werke darstellt, das von einer weibliche Protagonistin handelt. Dadurch findet eine erneute Perspektivverlagerung statt. Die Rolle der Frau in der Karibik wird anhand der Beziehung zwischen Michael und Leila gleich an mehreren Stellen problematisiert und trägt durch die Rückwirkungen, die das patriarchale Rollenverständnis mit sich bringt, somit zur Identitätsbildung bei.[196]

Identität kann in diesem Kontext zwar einerseits als Resultat der gesellschaftlichen Ausgrenzung und der Minoritätserfahrung gewertet werden, denn gerade gegen Ende der Erzählung wird die Hautfarbe zu einem entscheidenden Attribuierungsmerkmal für die Protagonistin.[197] Zeitgleich erweisen sich aber auch Leilas Einzelschicksal und ihre Verlusterfahrungen, die unabhängig von gesellschaftlicher Diskriminierung sind, als ausschlaggebend für die Abkehr von Großbritannien und die Rückbesinnung auf ihre „Heimat". Die grundsätzliche Ambivalenz Leilas gegenüber ihrer eigenen Migration ist daher ein zentraler Aspekt der Erzählung. Verdeutlicht wird sie durch das Verständnis und die Konzeption von „Heimat". An zwei Textstellen tritt der Begriff, den auch Caryl Phillips zum Wesensmerkmal seiner Arbeit erklärt,[198] deutlich in den Vordergrund, jeweils in scheinbarer Differenz zur Position Leilas.[199] Sowohl Millie,

---

194 Vgl. Ebd., S.197f.; Weedon, Identity and Belonging, S.80.

195 Vgl. Jaggi, Maya, The Final Passage. An interview with writer Caryl Phillips, In: Kwesi Owusu (Hrsg.), Black British Culture and Society. A Text Reader, London 2000, S.157-168, hier: S.159.

196 Vgl. Ellis, Writing Home, S.183f.

197 Vgl. Phillips, The final passage, S.198.

198 Vgl. Jaggi, The Final Passage, S.167,

199 Vgl. Phillips, The final passage, S.115/124.

Leilas beste Freundin, als auch ihre Mutter sehen ihre Heimat auf der Karibikinsel. Während Millie die emotionale Bindung, die stärker als die Widrigkeiten vor Ort ist, betont, beschränkt sich Leilas Mutter darauf London als ihre Heimat zu negieren und selbiges auch von ihrer Tochter einzufordern.[200] Leila scheint sich in beiden Situationen ihrer territorialen, emotionalen und auch historischen Verwurzelung, die in engem Zusammenhang mit ihrer Lebensgeschichte und der ihre Familie und Freunde steht, bewusst zu sein. Sie entwickelt eine Form der historischen Tradition anhand biographischer Grundlagen. Parallel erhält sie jedoch das Bild Großbritannien als Projektionsfläche ihrer Hoffnungen im ökonomischen als auch privaten Bereich aufrecht. Hier zeigt sich der, von Mark Stein, aufgezeigte Generationenkonflikt bezüglich der Diaspora. Während Leilas Mutter ihre Heimat deutlich in der Karibik lokalisiert, ist Leila in ihrer Identität zwiegespalten. Caryl Philipps selbst charakterisiert diese Ambivalenz in einem Interview, das im Rahmen der Verfilmung seiner Erzählung 1995 geführt wurde, wie folgt:

> My screenplay is primarily about the pain of leaving; that's more pronounced than the problems and triumphs of arrival. Throughout there are references to the pain of what one has lost: you can't stay in the country you would have loved to remain loyal to, and that pain will colour the rest of your life.[201]

Die Analyse Weedons zeigt, dass der Kontrast zwischen der Abreise und der Ankunft in England jedoch nicht durch die Charaktere und ihre Emotionen dargestellt wird, sondern dass sich Phillips auch stilistischer Mittel bedient, um diesen Kontrast zu verschärfen. Vor allem die Wahl von Farbadjektiven ist hierbei zu nennen.[202] Die Abreise aus der Karibik gestaltet sich noch sehr farbenfroh. „At 6.30 the harbour had been a blaze of colour and confusion. Bright yellows and brilliant reds, sweet smells and juices, a lazy deep seas nudging up against the land, and looking down upon it all the mountains ached under the weight of their dense green vegetation."[203] Die Ankunft in Großbritannien hingegen zeichnet ein Bild der Tristesse.

---

200 Vgl. Ebd.
201 Vgl. Jaggi, The Final Passage, S.167.
202 Vgl. Weedon, Identity and Belonging, S.77.
203 Phillips, The final passage, S.9.

> Leila looked at England, but everything seemed bleak. She quickly realized she would have to learn a new word; overcast. There were no green mountains, there were no colourful women with baskets on their heads selling peanuts or bananas or mangoes, there were no trees, no white houses on the hills, no hills, no wooden houses by the shoreline, and the sea was not blue and there was no beach, and there were no clouds, just one big cloud, and they had arrived.[204]

Caryl Phillips charakterisiert seine Erzählung selbst als Hommage an die „Windrush Generation".[205] Aus der zeitlichen Distanz von circa 20 Jahren zu seiner Erzählhandlung erinnert er an die Probleme und Sorgen der Immigranten in den 1960er Jahren in Großbritannien. Seine Erzählung folgt aber nicht nur einem intergenerationellen Ansatz innerhalb der ‚Black British community', sie ist auch ein Plädoyer gegen das Vergessen und die historische Ignoranz gegenüber einer Vielzahl für Menschen, die die späteren Grundlagen für die gesellschaftliche Integration von Migranten in Großbritannien legten.

> It's to recalibrate British people's perception of the main narrative of British history to include people whom they naturally exclude. I've got a book on 1950s Britain that's 250 pages long but makes no mention on Black people. I want it to be impossible to write books like that in the future.[206]

Phillips Einschätzung spiegelt auch die Problemlagen wieder, mit denen sich nicht nur die Protagonistin seines Buches sondern auch viele Migranten in den 1950er und 1960er Jahren konfrontiert sahen. Ihre Individualgeschichten sind von weiteren Ambivalenzen und Konflikten geprägt, die oft in engem Zusammenhang mit ihrer Herkunft, ihrer Identität und ihren Migrationserfahrungen stehen.

4.2.4 The Unbelonging (1985)

„The Unbelonging" erzählt die Geschichte eines jungen Mädchens namens Hyacinth, die ihre Kindheit in Kingston (Jamaika) verbrachte. Im Alter von 11 Jahren folgt sie jedoch der Aufforderung ihres Vaters, den sie bis zu diesem Zeitpunkt noch nicht kennengelernt hat, nach Großbritannien zu reisen und bei ihm zu wohnen. Hyacinths Geschichte ist geprägt von Ausgrenzungen und Anfein-

---

204 Ebd., S.142.
205 Vgl. Jaggi, The Final Passage, S.157.
206 Ebd., S.159.

dungen, zumeist aufgrund ihrer Hautfarbe. Bereits bei ihrer Reise nach Großbritannien wird sie sich ihrer „Andersartigkeit" bewusst, ein Zustand von dem sie sich im weiteren Verlauf der Erzählung nicht mehr lösen kann. Rassismus und Diskriminierung bestimmen ihren Alltag. Daneben existieren auch schwerwiegende familiäre Probleme, die sich in häuslicher Gewalt und dem versuchten sexuellen Missbrauch durch ihren Vater äußern. Das Gefühl der fehlenden Zugehörigkeit kompensiert Hyacinth, indem sie in idealisierte Traumvorstellungen ihrer Heimat flüchtet, die ihr Trost spenden. Trotz ihrer Alteritäts- und Minoritätserfahrung gelingt es Hyacinth sich in einer feindseligen Welt zumindest partiell zu behaupten. Ihre persönliche Entwicklung und der Abschluss ihres Hochschulstudiums sind als Indizien für diesen Triumph zu werten.

Joan Riley wurde 1958 auf Jamaika geboren und gilt als erste afro-karibische Frau, die sich literarisch mit den Problemen gerade der weiblichen Migranten in Großbritannien auseinandersetzte.[207] 1976 wanderte sie nach England aus, wo sie das Studium der Sozialen Arbeit aufnahm. Die Widmung ihres Buches „The Unbelonging" lässt erahnen, dass ihre Erzählung nicht auf autobiographischen, aber auf wahren Begebenheiten beruht, auf die sie im Rahmen ihrer Arbeit aufmerksam wurde.

Hyacinth, Rileys Protatoginistin in „The Unbelonging", ist die Personalisierung gleich mehrerer innerer Konflikte, die sich sowohl aus ihrer Herkunft, ihrer Rolle als Mädchen, beziehungsweise Frau und ihrer gegenwärtigen Situation als „schwarze" Migrantin in Großbritannien ergeben. All diese Konfliktebenen werden in dialogischer Form behandelt. Hyacinth ist steter Bestandteil dieses Dialogs, den sie teilweise mit sich selber, teilweise mit ihrer Um- und Mitwelt austrägt, und der auch als ständige Auseinandersetzung mit der eigenen Zugehörigkeit und der eigenen Identität zu werten ist.

> [...] Riley's central concern is Hyacinth's struggle to exist in both British and Caribbean worlds where she is neither liked or wanted - - as such, she must constantly reconceptualise 'home' to find a place where she belongs.[208]

---

207 Vgl. Ellis, Writing Home, S.151.

208 Perry, Barbara Shaw, Cultural Identity, 'Resistance' & Women's Postcolonial Writing from the Afro-Caribbean/British Borderlands. Joan Riley's *The Unbelonging*, in: The Society for Caribbean Studies Annual Conference Papers, Vol.1 (2000), S.1-7, hier: S.2, http://www.caribbeanstudies.org.uk/papers/2000/olv1p7.pdf (Abruf vom 27.01.2014).

Obwohl sie um die Probleme weiß, die in ihrer Heimat existieren, zeichnet sie für sich selbst ein Bild der Idylle und der Unbeschwertheit.[209] Ihre jamaikanische Heimat wird somit zu ihrem Zufluchtsort und zur Projektionsfläche ihre Wünsche und Sehnsüchte. „Hyacinth's dreams are a similar negotiation of real memory and fantasy, gradually betraying more and more of the reality of her existence in Jamaica."[210] Diese Überlagerung von Realitäten ist sicherlich auch als Hauptgrund für die Tatsache anzusehen, dass Hyacinth all ihre Bemühungen, die sie in Großbritannien unternimmt, auf das Ziel der Rückkehr nach Jamaika ausrichtet. „She had decided that she would get education, lots of it, and then she would be able to return to Jamaica."[211] Das Erreichen ihres Ziels führt letztlich jedoch auch zur Auflösung des Konflikts zwischen ihrer Traumwelt und der Realität auf Jamaika. „She felt rejected, unbelonging. Where was the acceptance she had dreamt about, the going home in triumph to a loving, indulgent aunt?"[212] Ihr ursprünglicher, selbst entworfener Zufluchtsort zerbricht gegen Ende der Erzählung und weicht der Einsicht, dass sie auch dort keine Zugehörigkeit und Geborgenheit empfindet. „The Jamaica of her dreams is replaced by a reality of poverty, slum life, and disease."[213] Zugehörigkeit und Identität sind die zentralen Merkmale, die Rileys Erzählung begleiten. Im Vergleich zu den bisher untersuchten Werken von Sam Selvon und Caryl Phillips entwirft Riley für ihre Protagonistin aber ein anderes Konzept im Umgang mit ihrer eigenen Identität. „Her awareness of herself at the start of the text is based upon her appearance, her Blackness."[214] Die Alteritätserfahrung, die Hyacinth schon auf ihrer Reise nach Großbritannien macht, ist der entscheidende Faktor für ihren künftigen Umgang mit ihrer eigenen Identität und ihrem Wunsch nach gesellschaftlicher Akzeptanz. Ihr Selbsthass, der sich primär aus dem Gefühl des „Anderssein" nährt, führt dazu, dass sie ihrem Wunsch nach gesellschaftlicher Akzeptanz und Zugehörigkeit alles andere unterordnet und zu diesem Zweck sogar die Aufgabe ihrer Identität in Kauf nehmen würde.

> There had been a sea of white faces everywhere, all hostile. She had known they hated her, and she felt small, lost and afraid, and

---

209 Vgl. Riley, Joan, The Unbelonging, London 1985, S.19.
210 Ellis, Writing Home, S.153.
211 Riley, The Unbelonging, S.47.
212 Ebd., S.142.
213 Weedon, Identity and Belonging, S.91.
214 Ellis, Writing Home, S.154.

> ashamed of her plaited hair as she had looked enviously at the smooth straightness of theirs. She had always wanted long hair, would have given anything for it, and she wished with all her might that her prayers would be answered and she would become like them.[215]

Tatsächlich finden solche Adaptionsprozesse im weiteren Verlauf der Erzählung statt. Hyacinth internalisiert rassisch geprägte Selektionsmechanismen, als sie sich beispielsweise an der Hochschule gegen eine Kontaktaufnahme mit afrikanischen oder afro-karibischen Kommilitonen entscheidet. „She always made a point of ignoring the black students, lifting her nose high when they came close to her, feeling the need to establish herself as different in other people's mind."[216] Der unbedingte Zugehörigkeitswille führt bei Hyacinth dazu, dass sie die postkolonialen Gesellschaftselemente, unter denen sie teilweise selber zu leiden hatte, selbst übernimmt und verkörpert. „The postcolonial migrant has no choice but to accept the dominant culture's ideology because it is a matter of survival."[217] Trotz der möglicherweise etwas zu dramatisch gewählten Formulierung, ist Perrys These nicht gänzlich von der Hand zu weisen. Für Hyacinth ist Migrationserfolg mit kompletter Assimilation gleichzusetzen. Die fehlende Anpassungsfähigkeit ihrer äußeren Erscheinung versucht sie daher durch die Adaption postkolonialer Gesellschaftselement zu kompensieren.

> After all the years of running away from her violent father and living in state-funded, all-white juvenile homes, she equates ‚blackness' with being 'undesirable,' 'common stock;' inevitably, she internalizes these ideas and reproduces them in her own life.[218]

Riley entwirft hier die Vorstellung einer Identitätsaufgabe zugunsten gesellschaftlicher Zugehörigkeit. Die Widersprüche, die dieser Selbstaufgabe zugrunde liegen, sind offensichtlich. Die Verneinung eines elementaren Bestandteils ihrer Identität, nämlich ihrer afro-karibische Abstammung, kann sie nur durch die realitätsferne Vision ihrer Heimat aufrecht erhalten. Der Entwurf einer eigenen kulturellen Identität, und somit auch einer gesellschaftlichen Verortung, basiert hier auf einer Vermischung von Rekonstruktions- und Imaginationsleis-

---

215 Riley, The Unbelonging, S.13.
216 Riley, Ebd., S.81.
217 Perry, Cultural Identity, S.6.
218 Ebd., S.5.

tung. Dieses identitäre Konstrukt zerbricht, wie gezeigt wurde, jedoch mit ihrer Ankunft auf Jamaika.

Ein zweiter zentraler Konflikt, den Hyacinth mit sich austrägt, ist ihrer Rolle als Frau innerhalb einer patriarchalen Gesellschaft. Als „Urkatastrophe" kann in diesem Kontext der versuchte sexuelle Missbrauch des Vaters angesehen werden.[219] Das Verhältnis zwischen Hyacinth und ihrem Vater ist dabei als stellvertretend für das patriarchale Gesellschaftskonstrukt der Karibik zu werten.[220] Die Konsequenzen dieser Erfahrungen machen sich im Fortlauf der Erzählung besonders deutlich. Hyacinth assoziiert Männer mit Unterdrückung und Gewalt.[221] Auch ihre Sexualität leidet unter diesem patriarchalen, negativen Männerbild. Ihre Beziehung mit Charles scheitert aus diesem Grund.[222] Sie flüchtet sich abermals in die Vision einer unbeschwerten Existenz in Kingston, muss aber feststellen, dass auch diese nicht ihr heilendes Versprechen halten kann.

> And inside her, deep down, buried inside her woman's body, trapped and bleeding in the deepest recesses of her, a young girl screamed. As the scream echoed in her mind, the tears seeped out and Hyacinth knew she would never be free until that child had healed.[223]

So bleibt Hyacinth zurück als Charakter, der weder seine Position innerhalb der postkolonialen Gesellschaft in Großbritannien noch innerhalb der patriarchalen Gesellschaft auf Jamaika verorten kann.

Joan Rileys „The Unbelonging" zeichnet, im Vergleich zu den bisherigen Untersuchungen, ein ungewöhnliches Migrationsmodell. Die Identitätskrise, die auch hier aus lokaler und kultureller Diskontinuität resultiert, führt zur versuchten Adaption postkolonialer Verhaltensweisen, die sich am besten als rassistische Gesellschaftshierarchie fassen lassen. So versucht die Protagonistin ihren Selbsthass zu überwinden und sich in eine Gesellschaft zu integrieren, die um Segregation und Abgrenzung bemüht ist. Das letztliche Scheitern dieses Bemühens und die missglückte Rückkehr nach Jamaika, in der Hoffnung, dass sich ihre idealisierte Zufluchtswelt als wahr erweisen würde, sind die Sinnbilder ihrer Exklusion und ihrer „Unzugehörigkeit". In seiner kommunikativen Funktion

---

219 Vgl. Riley, The Unbelonging, S.62f.
220 Vgl. Ellis, Writing Home, S.152.
221 Vgl. Riley, The Unbelonging, S.81ff.
222 Vgl. Ebd., S.131.
223 Ebd., S.143.

ragt Rileys Erzählung jedoch noch über diese deskriptive Ebene der inneren Konflikte einer jungen afro-karibischen Migrantin hinaus. Die perspektivische Erzählhaltung bietet dem Leser zahlreiche Identifikationspunkte. In Kombination mit der Vielfalt der Problemlagen, denen Hyacinth im Laufe der Geschichte begegnet, kann so ein Gefühl der Empathie und der Betroffenheit evoziert werden. Perry sieht genau in diesen Moment die metakommunikative Funktion des Buches, bei der sich Mitglieder der „weißen" Majoritätsgesellschaft eben jenen Problemlagen der Randständigkeit, der Ausgrenzung und auch der Geschlechterrollen von Migranten innerhalb von postkolonialen Gesellschaften bewusst werden.[224] Das bereits mehrfach angeführte Konzept der ‚contact zone' findet auch hier wieder seine Umsetzung, indem die deskriptive Ebene überschritten wird und die dialogische Funktion, die dem Werk zugrunde liegt, auf den Leser ausgeweitet wird.

4.3 Synthese

Bezüglich der Identitätsbildung lassen sich, im Anschluss an die Einzelwerkanalyse, zahlreiche Gemeinsamkeiten konstatieren. Die ‚novels' weisen in ihren Grundstrukturen jeweils Verschmelzungen der vier identitätskonstruierenden Wege, die Chris Weedon formuliert, auf. Identität wird somit zum Resultat komplexer intrinsischer und extrinsischer Faktoren, und lässt sich nicht stringent anhand individueller Fokussierungen, beispielsweise auf die ethnische und kulturelle Tradition, erlangen. Interessant ist die Tatsache, dass trotz dieser komplexen Prozesshaftigkeit, die dem Prozess der Identitätsbildung zu Grunde liegt, mehrere thematische Schwerpunktsetzungen zu verzeichnen sind, die in allen vier untersuchten Erzählungen eine wichtige Position einnehmen. Ausgangspunkt für sämtliche dieser Prozesse ist eine Identitätskrise in Folge von sozialer und kultureller Diskontinuität, die jeweils durch den Migrationsprozess symbolisiert wird. Welche Faktoren diese Krise bedingen und inwiefern diese zeitgleich auch Teil der Überwindung eben jener Krise sein können, soll im Folgenden thematisiert werden.

Die Omnipräsenz des gesellschaftlichen und institutionellen Rassimus' ist wohl die offensichtlichste Gemeinsamkeit, die die untersuchten Prosa-Erzählungen aufweisen. Die Ausgrenzung und Diskriminierung aufgrund der Hautfarbe oder der „Andersartigkeit" ist ein prägendes Element der Identitätsbildung für die jeweiligen Protagonisten und Charaktere. Die Auswirkungen auf die betroffenen

---

224 Vgl. Perry, Cultural Identity, S.4.

Charaktere variieren hingegen. In Joan Rileys „The Unbelonging" entwickelt Hyacinth, die diese Diskriminierung und Ausgrenzung schon als elf jähriges Mädchen erfährt, einen Selbsthass, der sich in dem Wunsch äußert ihre eigene Identität zugunsten gesellschaftlicher Akzeptanz und Zugehörigkeit aufzugeben. Sir Galahad, einer der Protagonisten in Sam Selvons „The Lonely Londoners" und „Moses Ascending", hingegen sucht in Form der ‚Black Power'-Bewegung die offene Konfrontation mit staatlichen Repräsentationsorganen.

Eng verbunden mit dem Rassimus-Diskurs sind auch die Bezugnahmen und Kritiken an politischen und gesellschaftlichen Ereignissen und Entwicklungen. Auch wenn sich die Erzählungen im Wesentlichen auf individualgeschichtliche Aspekte konzentrieren, findet doch stets auch eine historische Kontextualisierung statt, die Verbindungen zu konkreten historischen Ereignissen etabliert. „If I hadn't had the incident with the kids throwing bottles and bricks and shouting 'spades', or Gary the racist son, it would have been ridiculous, because you have to put the context in."[225] Im Fokus stehen hierbei oft soziale Missstände, wie die Diskriminierung im Wohnungs- und Arbeitssektor, die auch die zwei erschienen PEP-Berichte aus den Jahren 1967 und 1974 widerspiegeln. Hinzu kommt im Fall von Caryl Phillips „The final passage" auch eine konkrete Anspielung auf den Wahlkampf von Smethwick 1964, oder im Falle Selvons auch die Bezugnahme auf die willkürliche Anwendung des „Verdächtigen Gesetzes" durch die Polizei in der Auseinandersetzung mit „schwarzen" Protest- und Widerstandsbewegungen.

Die dritte Gemeinsamkeit, die alle Werke aufweisen, entsteht durch die literarische Rekurrenz auf den Begriff der „Heimat". Auch hier lässt sich wieder eine unterschiedliche Gewichtung und Interpretation feststellen. In „The Unbelonging" stilisiert Hyacinth ihre jamaikanische Heimat zu einer Idealvorstellung und einer Projektionsfläche ihrer Hoffnungen und Träume. Dass dieses Ideal der Realität in Kingston nicht standhalten kann, ist ein entscheidender Faktor des Werks, der am Ende zur Desillusionierung der Protagonistin beiträgt, und sie in dem Gefühl der sozialen Exklusion bestätigt. „Heimat" wird in diesem Fall mit einem idealisierten Entwurf der eigenen Lebensgeschichte gleichgesetzt. Eine abgeschwächte Form dieses „Heimat"-Bildes ist auch in „The final passage" wiederzufinden, in dem Leila versucht sich über die Geschichte ihrer Familie und ihre Freunde ihre karibische Identität aufrecht zu erhalten. In beiden Werken nimmt „Heimat" als Konstrukt und die Rückkehr in eben jene eine zentrale

---

225 Jaggi, The final Passage, S.159.

Rolle ein. Anders verhält es sich bei den Erzählungen Sam Selvons, der diesen Aspekt nur marginal behandelt. Heimat und Rückkehr treten hier nur in Form von Tolroy auf, der sich zur Rückkehr in die Karibik entschließt, und dessen Haus Moses kauft.

Die literarische Auseinandersetzung mit der karibischen Heimat der Charaktere als auch der Autoren findet aber noch auf einer anderen reflexiven Ebene statt, die sich als durchaus kritisch darstellt. So werden in allen vier Werken das Geschlechterverständnis und die Geschlechterrollen in patriarchalen, karibischen Gesellschaftsstrukturen hinterfragt. Die männliche Dominanz, die diesem Verständnis zu Grunde liegt, äußert sich dabei in einem Spektrum, das von häuslicher Gewalt bis hin zu außerehelichen Affären und sexuellen Avancen gegenüber britischen Frauen reicht.

Gerade der letzte Aspekt beweist die Multiperspektivität, die allen untersuchten Erzählungen innewohnt. Sie beschränken sich keineswegs darauf, die defizitäre und abgrenzende Haltung der „weißen" Gesellschaftsmajorität anzuprangern, sondern entwerfen ein differenziertes Bild von Migrationsprozessen, die sich vor allem durch ihre Wechselwirkungen zwischen den beiden beteiligten Gesellschaftsgruppen kennzeichnen.

Identität ist in diesen Fällen, im Sinne Bhabhas und Reichls, immer als Ergebnis eines ‚Re-Inventing'-Prozesses innerhalb einer kulturellen ‚contact zone' zu verstehen. Wenn immer die Kulturverständnisse von Migranten und „einheimischer" Bevölkerung aufeinandertreffen, werden solche Transformations- und Adaptionsprozesse eingeleitet. Dabei nimmt die oppressive Rolle der gesellschaftlichen Majorität sicherlich eine prägende Funktion ein, die auch das Selbstbild und das ‚Re-Inventing' der Migranten deutlich prägt. Darüber hinaus sollten aber auch die Rückwirkungen des migrantischen Kulturverständnisses auf die britische Gesellschaft nicht außer Acht gelassen werden. Die vorliegende Literatur zeigt immer wieder solche kulturellen Interaktionspunkte auf. Das migrantische Kulturverständnis ist dabei, ebenso wie das der britischen „Aufnahmegesellschaft", nicht als homogen und verabsolutierend zu begreifen. ‚Contact zones' sind sowohl im interindividuellen als auch im institutionellen und im gruppenspezifischen Kontext realisierbar.

Die Unabgeschlossenheit dieses identitären Ausbildungsprozesses zeigt sich an der Tatsache, dass keines der untersuchten Werke ein klassisches „Happy End" aufweist. Selbst die Adaption postkolonialer, hierarchischer Verhaltensweisen auf Seiten der Immigranten, wie sie Moses oder Hyacinth aufweisen, führt nicht zu dem gewünschten Integrations- und Migrationserfolg. Ihre soziale Exklusion bleibt weiterhin bestehen und weitet sich im Zuge der zunehmenden Ausdifferenzierung und individuellen Identitätsbildung anderer afro-karibischer Migranten teilweise sogar noch aus.

5. Fazit

Die ‚Black British literature' als Subkultur, beziehungsweise sich etablierende literarische Gattung, basiert in ihrer inhaltlichen und theoretischen Ausrichtung auf den wissenschaftlichen Überlegungen der ‚Postcolonial' und ‚Cultural Studies'. Die interdisziplinären Ansätze, die beiden Wissenschaftskonzepten zugrunde liegen, führen, unter Berücksichtigung des eigenen wissenschaftlichen Anspruchs der globalen Neuorientierung von Wissenschafts-, Kultur- und Gesellschaftsverständnis, dazu, dass sich zahlreiche Überschneidungen personeller und theoretischer Art ergeben. Das Konzept der Identitätsbildung, wie es in dieser Arbeit untersucht wurde, ist dabei das zentrale Themenfeld, dem nicht nur inhaltlich, sondern auch auf einer Metaebene entsprochen wird. Die vorliegende Einzelwerkanalyse, die bereits im vorangestellten Unterkapitel synthetisiert wurde, zeigt deutlich, dass die ‚novels' immer auch als interkulturelles Kommunikat verstanden werden müssen. Die ihnen immanente Fokussierung auf die Individualgeschichte eröffnet dem Leser, der in diesem Fall als Kommunikationspartner gewertet werden kann, ein Identifikationspotenzial, das sich in seiner Konsequenz auch auf die individuellen Verhaltensweisen innerhalb einer postkolonialen Gesellschaft auswirken könnte. Diese Perspektiverweiterung und der damit verbundene Perspektivwechsel sind im Sinne der ‚Postcolonial Studies' als Prozess der Bewusstwerdung und der Sensibilisierung gegenüber alternativen Kulturauffassungen zu deuten. Die Relativierung der eurozentristischen Deutungshoheit auch im Bereich der kulturellen Errungenschaften ist somit ein wesentlicher Bestandteil der Metakommunikation zwischen Werk und Leser.[226]

Bezüglich der verschiedenen Phasen, die dem identitären Ausbildungsprozess von Migranten in Großbritannien attestiert wurde,[227] weist die Literaturanalyse ambivalente Ergebnisse auf. Der Widerstand gegen Rassismus und Ausgrenzung kann, im Sinne Stuart Halls, gerade in Sam Selvons „The Lonely Londoners" zwar als identitätsstiftendes und inklusives Merkmal gesehen werden. Bezüglich der „prototypischen" inhaltlichen Ausrichtung, wie sie Kwame Dawes formuliert, zeigen sich jedoch, wie gezeigt wurde, deutliche Abweichungen. Auch die drei weiteren ‚novels' entsprechen der Periodisierung nur insofern, dass sie gemäß ihres Entstehungszeitraums in der 1970er und 1980er Jahren ein ausdiffe-

---

226 Hierbei ist nochmal darauf zu verweisen, dass die literarische Auseinandersetzung mit den jeweiligen Kulturauffassungen stets kritisch erfolgt.
227 Vgl. Fußnote 126.

renziertes und heterogenes Bild der ‚Black British community' zeichnen. Bedacht werden muss aber hier, dass sich beispielsweise Cary Phillips „The final passage" auf den Zeitraum der 50er und 60er Jahre bezieht. In diesem Kontext stellt sich daher die Frage inwiefern sich kontemporäre Umstände während des Schreibprozesses auf die inhaltliche Darstellung auswirken. Konstatiert werden kann in jedem Fall, dass verschiedene zeitliche Bezugsrahmen und anachronistische Vorgehensweisen die recht starren Strukturen der theoretischen Einordnung und Rahmensetzung deutlich verschwimmen lassen. Die erwähnte Fragestellung wäre im Rahmen weiterer Untersuchungen aber sicherlich ebenso zu berücksichtigen, wie die Frage nach literarischen Erzeugnissen nach 1990. Vor dem Hintergrund der literarischen Ausdifferenzierung, die Susanne Reichl konstatiert, wäre eine solche Analyse auch im Bezug auf das Konzept der Identität gewinnversprechend. Gleiches gilt auch für andere literarische Gattungen, wie beispielsweise die Poesie, die gerade in den 1970er und 1980er Jahren, in der ‚Black British literature' florierte.

Insgesamt ergibt sich aus den theoretischen Vorüberlegungen und der Literaturanalyse für Großbritannien ein Bild der ‚Black British literature', das sich aufgrund seiner theoretischen Fundierung und praktischen Umsetzung als sehr vielschichtig erweist. Die verschiedenen beschriebenen Prozesse der Identitätsbildung bleiben in ihrer Unabgeschlossenheit das Sinnbild für die gesellschaftliche Exklusion von Migranten, aber auch deren kultureller Erzeugnisse innerhalb einer postkolonialen Gesellschaft, die sich erst gegen Ende des 20.Jahrhunderts für die Konzepte der Multikulturalität, beziehungsweise kulturellen Diversität öffnete.

Literaturverzeichnis

Primärliteratur

Phillips, Caryl, The final passage, London 1995.

Riley, Joan, The Unbelonging, London 1985.

Selvon, Samuel, Moses Ascending, Oxford 1998.

Selvon, Samuel, The Lonely Londoners, London 1985.

Sekundärliteratur

Arana, R. Victoria, 'Black' British Aesthetics Today, Newcastle upon Tyne 2007.

Arana, R. Victoria, The 1980s: Retheorising and Refashioning British Identity, In: Kadija Sesay (Hrsg.), Write Black, Write British. From Postcolonial to Black British Literature, Hertford 2005, S.230-240.

Ashcroft, Bill/ Griffiths, Gareth/ Tiffin, Helen, The Empire Writes Back. Theory and practice in post-colonial literatures, London 1989.

Bamford, Caroline, The Politics of Commitment. The early New Left in Britain 1956-62, Edinburgh 1983.

Baugh, Edward, Recent Caribbean Writing: Moses Ascending, In: Susheila Nasta (Hrsg.), Critical Perspectives on Sam Selvon, Boulder 1988, S.135-138.

Bentley, Nick, Form and Language in Sam Selvon's The Lonely Londoners, in: ariel, Vol.36, No.3/4 (2005), S.67-84.

Boehmer, Elleke, Colonial and Postcolonial Literature, Oxford 1995.

Chakrabarty, Dipesh, Provincializing Europe. Postcolonial Thought and Historical Difference, Oxfordshire 2000.

Cuevas, Susanne, Babylon and Golden City. Representations of London in Black and Asian British Novels since the 1990s, Heidelberg 2008.

Dabydeen, David/ Wilson-Tagoe, Nana, A Reader's Guide to West Indian and Black British Literature, Mundelstrup 1987.

Dawes, Kwame, Negotiating the Ship on the Head: Black British Fiction, In: Kadija Sesay (Hrsg.), Write Black, Write British. From Post Colonial to Black British Literature, Hertford 2005, S.255-281.

Donnell, Alison, Companion to Contemporary Black British Culture, London 2002.

Ellis, David, Writing Home. Black Writing in Britain Since the War, Stuttgart 2007. [= Studies in English Literatures 5]

Fabre, Michel, Sam Selvon: Interviews and Conversations, In: Susheila Nasta (Hrsg.), Critical Perspectives on Sam Selvon, Boulder 1988, S.64-76.

Frank, Tobias, Identitätsbildung in ausgewählten Romanen der Black British Literature. Genre, Gender und Ethnizität, Trier 2010. [=ELCH 44]

Hall, Stuart, Life and Time of the First New Left, In: New Left Review 61, 2010, S.177-196.

Hall, Stuart, Cultural Identity and Cinematic Representation, In: Houston A. Baker, Jr./ Manthia Diawara/ Ruth H. Lindeborg, Black British Cultural Studies. A reader, Chicago 1996, S.210-222.

Hall, Stuart, Cultural studies and its theoretical legacies, In: David Morley/ Kuan-Hsing Chen (Hrsg.), Stuart Hall. Critical Dialogues in Cultural Studies, London 1996, S.262-275.

Hall, Stuart, New Ethnicities, in: Houston A. Baker, Jr./ Manthia Diawara/ Ruth H. Lindeborg, Black British Cultural Studies. A reader, Chicago 1996, S.163 172.

Hall, Stuart, What is this ‚black' in black popular culture?, In: David Morley/ Kuan-Hsing Chen (Hrsg.), Stuart Hall. Critical Dialogues in Cultural Studies, London 1996, S.465-475.

Hall, Stuart, The Question of Cultural Identity, In: Stuart Hall/ David Held/ Tony McGrew (Hrsg.), Modernity and its Futures, Cambridge 1993, S.273-316. [=Understanding Modern Societies: An Introduction 4]

Hall, Stuart, Cultural Studies and the Centre: some problematic and problems, In: Stuart Hall et al. (Hrsg.), Culture, Media, Language. Working Papers in Cultural Studies 1972-79, Birmingham 1980, S.15-47.

Hansen, Randall, Citizenship and Immigration in Post-war Britain. The Institutional Origins of a Multicultural Nation, New York 2000.

Innes, Lyn, A History of Black and Asian Writing in Britain. 1700-2000, Cambridge 2002.

Jaggi, Maya, The Final Passage. An interview with writer Caryl Phillips, In: Kwesi Owusu (Hrsg.), Black British Culture and Society. A Text Reader, London 2000, S.157-168.

Kabesh, Lisa M., Mapping Freedom, or its Limits: The Politics of Movement in Sam Selvon's The Lonely Londoners, In: Postcolonial Text, Vol.6, No.3 (2011), S.1-17. http://postcolonial.org/index.php/pct/article/view/1255/1211 (Abruf vom 16.01.2014)

Kerner, Ina, Postkoloniale Theorien zur Einführung, Hamburg 2012.

Khan, Naseem, The rise of the lonely Londoners: When the writer Sam Selvon arrived in England in 1950, he came in on a tide of new West Indian creativity. This week he reads from his work in the South Bank's 'Out of the Margins' season. Naseem Khan met him, In: The Independent, 12.11.1993, http://www.independent.co.uk/arts-entertainment/the-rise-of-the-lonely-londoners-when-the-writer-sam-selvon-arrived-in-england-in-1950-he-came-in-on-a-tide-of-new-west-indian-creativity-this-week-he-reads-from-his-work-in-the-south-banks-out-of-the-margins-season-naseem-khan-met-him-1503747.html (Abruf vom 24.02.14).

Khan, Naseem, The Arts Britain Ignores. The Arts of Ethnic Minorities in Britain, London 1976.

Korte, Barbara, Generationsbewußtsein als Element >schwarzer< britischer Identitätsfiktion, In: Theodor Berchem et al. (Hrsg.), Literaturwissenschaftliches Jahrbuch 40, 1999, S.331-350.

Layton-Henry, Zig, The Politics of Immigration. Immigration, 'Race' and 'Race' Relations in Post-war Britain, Oxford 1992. [=Making Contemporary Britain]

Ledent, Bénédicte, Black British Literature, In: Dinah Birch (Hrsg.), The Oxford Companion to English Literature, Oxford 2009.

MacLeod, John, Postcolonial London. Rewriting the metropolis, London 2004.

MacPhee, Graham, Postwar British Literature and Postcolonial Studies, Edinburgh 2011.

Morris, Mervyn, Introduction, In: Selvon, Moses Ascending, S.VII-XVIII.

Nazareth, Peter, Interview with Sam Selvon, In: Susheila Nasta (Hrsg.), Critical Perspectives on Sam Selvon, Boulder 1988, S.77-94.

Nazareth, Peter, The Clown in the Slave Ship, In: Susheila Nasta (Hrsg.), Critical Perspectives on Sam Selvon, Boulder 1988, S.234-239.

Perry, Barbara Shaw, Cultural Identity, 'Resistance' & Women's Postcolonial Writing from the Afro-Caribbean/British Borderlands: Joan Riley's The Unbelonging, in: The Society for Caribbean Studies Annual Conference Papers, Vol.1 (2000), S.1-7. http://www.caribbeanstudies.org.uk/papers/2000/olv1p7.pdf (Abruf vom 27.01.2014)

Pichler, Susanne, Alien-Nation and Belonging. Ethnic Identities in Selected Black British Novels, In: Bernhard Kettemann (Hrsg.), AAA – Arbeiten aus Anglistik und Amerikanistik, Bd.29 (2004), Hf.1, S.43-63.

Procter, James, Stuart Hall, London 2004.

Procter, James, Dwelling Places. Postwar black British writing, Manchester 2003.

Ramchand, Kenneth, Song of Innocence, Song of Experience: Samuel Selvon's The Lonely Londoners as a literary Work, In: Susheila Nasta (Hrsg.), Critical Perspectives on Sam Selvon, Boulder 1988, S.223-233.

Reichl, Susanne, Cultures in the Contact Zone. Ethnic Semiosis in Black British Literature, Trier 2002. [=ELCH 7]

Said, Edward, Orientalismus, übers. v. Hans Günther Holl, Frankfurt a.M. 2009.

Schönwälder, Karen, Die Politik der Labour-Regierung zwischen 1964 und 1970, In: Karen Schönwalder/ Imke Sturm-Martin (Hrsg.), Die britische Gesellschaft zwischen Offenheit und Abgrenzung. Einwanderung und Integration vom 18. bis zum 20. Jahrhundert, Berlin 2001, S.133-153. [=Arbeitskreis Deutsche England-Forschung 46]

Sesay, Kadija George, Transformations within the Black British Novel, In: R. Victoria Arana/ Lauri Ramey, Black British Writing, New York 2004, S.99-108.

Solomos, John, Race and Racism in Britain, Basingstoke 1994.

Stein, Mark, Black British Literature. Novels of Transformation, Columbus 2004.

Sutcliffe, David, British Black English, Oxford 1982.

Taylor, Andrene M., Black British Writing: "Hitting Up Against" A Tradition Of Revolutionary Poetics, In: R. Victoria Arana (Hrsg.), "Black" British Aesthetics Today, Newcastle upon Tyne 2009, S.16-30.

Weedon, Chris, Identity and Belonging in Contemporary Black British Writing, In: R. Victoria Arana/ Lauri Ramey, Black British Writing, New York 2004, S.73-98.

Young, Robert J.C., Postcolonialism. An historical Introduction, Oxford 2001.